# 新制度主義

New Institutionalism

**王躍生／著**

孟　樊／策劃

# 出版緣起

　　社會如同個人，個人的知識涵養如何，正可以表現出他有多少的「文化水平」（大陸的用語）；同理，一個社會到底擁有多少「文化水平」，亦可以從它的組成分子的知識能力上窺知。眾所皆知，經濟蓬勃發展，物質生活改善，並不必然意味著這樣的社會在「文化水平」上也跟著成比例的水漲船高，以台灣社會目前在這方面的表現上來看，就是這種說法的最佳實例，正因為如此，才令有識之士憂心。

　　這便是我們──特別是站在一個出版者的立場──所要擔憂的問題：「經濟的富裕是否也使台灣人民的知識能力隨之提昇了？」答案

恐怕是不太樂觀的。正因為如此,像《文化手
邊冊》這樣的叢書才值得出版,也應該受到重
視。蓋一個社會的「文化水平」既然可以從其
成員的知識能力（廣而言之,還包括文藝涵養）
上測知,而決定社會成員的知識能力及文藝涵
養兩項至為重要的因素,厥為成員亦即民眾的
閱讀習慣以及出版（書報雜誌）的質與量,這
兩項因素雖互為影響,但顯然後者實居主動的
角色,換言之,一個社會的出版事業發達與否,
以及它在出版質量上的成績如何,間接影響到
它的「文化水平」的表現。

　　那麼我們要繼續追問的是:我們的出版業
究竟繳出了什麼樣的成績單?以圖書出版來
講,我們到底出版了那些書?這個問題的答案
恐怕如前一樣也不怎麼樂觀。近年來的圖書出
版業,受到市場的影響,逐利風氣甚盛,出版
量雖然年年爬昇,但出版的品質卻令人操心;
有鑑於此,一些出版同業為了改善出版圖書的
品質,進而提昇國人的知識能力,近幾年內前
後也陸陸續續推出不少性屬「硬調」的理論叢

書。

這些理論叢書的出現，配合國內日益改革與開放的步調，的確令人一新耳目，亦有助於讀書風氣的改善。然而，細察這些「硬調」書籍的出版與流傳，其中存在著不少問題。首先，這些書絕大多數都屬「舶來品」，不是從歐美「進口」，便是自日本飄洋過海而來，換言之，這些書多半是西書的譯著。其次，這些書亦多屬「大部頭」著作，雖是經典名著，長篇累牘，則難以卒睹。由於不是國人的著作的關係，便會產生下列三種狀況：其一，譯筆式的行文，讀來頗有不暢之感，增加瞭解上的難度；其二，書中闡述的內容，來自於不同的歷史與文化背景，如果國人對西方（日本）的背景知識不夠的話，也會使閱讀的困難度增加不少；其三，書的選題不盡然切合本地讀者的需要，自然也難以引起適度的關注。至於長篇累牘的「大部頭」著作，則嚇走了原本有心一讀的讀者，更不適合作為提昇國人知識能力的敲門磚。

基於此故，始有《文化手邊冊》叢書出版

之議，希望藉此叢書的出版，能提昇國人的知識能力，並改善淺薄的讀書風氣，而其初衷即針對上述諸項缺失而發，一來這些書文字精簡扼要，每本約在六至七萬字之間，不對一般讀者形成龐大的閱讀壓力，期能以言簡意賅的寫作方式，提綱挈領地將一門知識、一種概念或某一現象（運動）介紹給國人，打開知識進階的大門；二來叢書的選題乃依據國人的需要而設計，切合本地讀者的胃口，也兼顧到中西不同背景的差異；三來這些書原則上均由本國學者專家親自執筆，可避免譯筆的詰屈聱牙，文字通曉流暢，可讀性高。更因為它以手冊型的小開本方式推出，便於攜帶，可當案頭書讀，可當床頭書看，亦可隨手攜帶瀏覽。從另一方面看，《文化手邊冊》可以視為某類型的專業辭典或百科全書式的分冊導讀。

　　我們不諱言這套集結國人心血結晶的叢書本身所具備的使命感，企盼不管是有心還是無心的讀者，都能來「一親她的芳澤」，進而藉此提昇台灣社會的「文化水平」，在經濟長足發展

之餘，在生活條件改善之餘，在國民所得逐日上昇之餘，能因國人「文化水平」的提昇，而洗雪洋人對我們「富裕的貧窮」及「貪婪之島」之譏。無論如何，《文化手邊冊》是屬於你和我的。

**孟樊**
一九九三年二月於台北

# 緒言

　　這本小書所涉及的是時下非常流行也非常
有影響力的一種經濟學理論──新制度主義經
濟學。說它流行，是因爲幾位公認的新制度經
濟學大師近年來紛紛獲得諾貝爾獎，使得大學
經濟系的研究生們紛紛捧起制度經濟學的著作
（筆者在北大爲研究生開設的新制度經濟學的
seminar也因此出席率不凡）；說它影響大，則
因爲正在經歷經濟制度轉型的國家的經濟學者
們，向新制度經濟學討教的次數越來越多，以
應對制度轉型的難題，尋找解決制度問題的「藥
方」。

　　經過二百多年的發展，經濟學日益變爲一

門成熟的科學，也日益顯出遠離經濟現實的偏向。經濟學家們深陷各種理論的論爭，而對經濟現實難以發揮有效的影響力；經濟運行的實際操作者和社會公眾，被各種理論弄得丈二金剛摸不著頭腦，苦於理論太多而不是太少。在這種情況下，新制度經濟學還能夠如此引得社會關注，能夠接二連三地獲獎，它的許多概念、觀點和方法能夠如此迅速地進入經濟學家的「話語系統」以致眾口流傳，說明這一理論之中必定有某些不同於以往的「玄機」，有其獨特的所在，這本小書的「使命」就是幫助讀者了解這些獨特之處。

　　對任何科學理論的「轉述」都免不了要走樣，轉述三次可能就面目全非了。有鑑於此，本書的敍述盡量依據歐美學者的原著，在同樣情況下盡可能參照名著。不過，考慮到本書的讀者對象和本書的任務，我們將以盡可能通俗的語言表達該理論的思想，非到必須，盡量少用艱深晦澀的術語，數學公式和幾何圖形則一概不用。我希望這不至於影響本書的學術性和

表達的準確性。

新制度經濟學是一門新生的理論，很多觀點具有「假說」性質，某些論述亦十分簡單「粗陋」，淺白得近似於普通人的「常識」，遠不如正統經濟學來得深奧、精密、邏輯完美。不過，這並不妨礙它抓住了經濟生活和人類行爲的深刻本質，開闢了全新的思維視角。我想我們大家都更喜歡這種淺白平實、舉重若輕，而不是艱深晦澀、似讀天書的學說，因爲這是符合「經濟原則」的。

**王躍生**

1997年5日6日　于北京大學

# 目　錄

# 導論

　　「新制度主義」者，「新制度主義經濟學」
(new institutional economics) 之謂也。作
為一門經濟學理論或經濟學流派，制度經濟學
並不是什麼新東西。舊的制度經濟學（以康芒
斯的《制度經濟學》，J. R. Commons, *In-
stitutional Economics* 和凡勃倫的《有閒階級
論》，T. B. Veblen, *The Leisure Class* 最為
著名）和以加爾布雷斯 (J. K. Galbraith) 理
論為代表的近代制度經濟學，對於接觸過經濟
思想史的人來講恐怕早已耳熟能詳，它們對於
經濟思想史的影響，即使不能說高於如今的新
制度經濟學，至少也毫不遜色。不過，過去的

制度主義學派與今天的新制度經濟學，除了名稱很相近，並且都宣稱以「制度」作爲研究對象之外，在理論的構成、分析方法、核心內容及政策影響等重要方面，其相異之點大大多於相同之處。正是這種不同或者說「新意」，使它在經濟學界乃至經濟學界之外獲得了廣泛影響。

　　在制度主義經濟學者看來，以往的經濟學，特別是作爲經濟學正宗的新古典主義（neo-classical economics）傳統，不免過多地關注經濟活動中的物質技術關係，以及過份強調經濟學的「精密化」、「數學化」。近代以來，西方經濟傳統中的「工具理性」味道越發濃厚，以至於透過滿紙的數學公式和推演，經濟學變得與物理學、化學或力學毫無二致。然而，經濟學無論是從其產生初期作爲「齊家」之道的本源來看（經濟學開山鼻祖亞當斯密〔Adam Smith〕的兩部傳世之作之一，就是頗具精神和道德關懷的《道德情操論》）；還是從它以人類活動爲研究對象的角度來說，都不

可能忽視對人的研究，不能忽視對人的活動、人們參與經濟活動的目的、決定人們進行或不進行某種經濟活動的環境、人們的行為規則、偏好……總之，即人與人和人與物之間的經濟關係的研究。而這種研究，正是新制度經濟學所關注的。因為，在新制度經濟學家看來，制度不過就是一些行為規則。或可引用新制度經濟學最著名的兩位大師的話於此：羅納德·科斯（R. Coase）指出，「當代制度經濟學應該從人的實際出發來研究人，實際的人是在現實制度所賦予的制約條件中活動的」；道格拉斯·諾斯（D. C. North）則認為，「新制度經濟學的目標是研究制度演進背景下，人們如何在現實世界中作出決定，和這些決定又如何改變世界。」

　　新制度經濟學的開山之作，也就是美國芝加哥大學教授羅納德·科斯〈企業的性質〉（*The Nature of the Firm*）一文，發表於1937年，如果從那個時候算起，新制度經濟學已經產生了六十年。科斯教授的另一篇同樣被奉為新制

度經濟學經典的論文，是1960年發表的〈社會成本問題〉（*The Problem of Social Cost*）一文，即使從這個時候算起，也快四十年了。不過，無論是〈企業的性質〉還是〈社會成本問題〉，發表之初都沒有得到應有的重視，束之高閣，無人提起。直到最近二十年，隨著新制度經濟學的大規模發展，隨著一大批傑出的經濟學家和法學家開始注意到對制度的研究，這兩篇論文的價值才被經濟學界所「發現」，科斯也因爲他在制度研究和企業研究上的出色貢獻，而與同爲制度經濟學大家的道格拉斯・諾斯、詹姆斯・布凱南（J. M. Buchanan）、喬治・斯蒂格勒（G. J. Stigler）一樣先後獲得諾貝爾經濟學獎。

那麼，新制度經濟學爲什麼會在最近二十年獲得空前的發展和廣泛的傳佈？或者，爲什麼研究制度經濟學和人類經濟行爲的學者會連連獲得諾貝爾獎？與此相應，爲什麼新制度經濟學最近幾年會在「體制轉軌的國家」產生如此廣泛影響，甚至經常走出專業刊物的象牙塔

而被大眾媒體所關注？

　　如已指出的，西方正統經濟學（宏、微觀經濟學），從新古典理論到凱恩斯主義（Keynesian economics）的國家干預理論，以及做爲兩者綜合的後凱恩斯主流經濟學，統治西方經濟理論界已有上百年。隨著經濟活動和經濟關係的日益複雜化，幾乎不考慮經濟活動中人的因素特別是人與人之間關係的正統經濟學，對現實越來越缺乏解釋力和政策影響力，西方的經濟制度本身也日益矛盾百出，問題重重。在這種背景下，七、八十年代以來出現了一個復興新自由主義經濟學的潮流。新制度經濟學，做爲新自由主義流派之一種，它的發展和日益受到關注正是在這一背景下發生的。以研究人、研究人們在經濟活動中的行爲方式和行爲規則、研究這種行爲規則的經濟影響爲特徵的新制度經濟學，在只重視物質關係、忽視物質關係背後的人與人關係的傳統經濟學面前，在日益期待制度變革的資本主義經濟體制面前，就顯得很有「新意」了。所以，

新制度經濟學在西方的活躍，很大程度上是與
正統主流經濟學的局限性，以及制度經濟學本
身的理論特點滿足了西方經濟現實的需要聯在
一起的。正像科斯所說：「當代制度經濟學是
經濟學本來就應該是那樣的那種經濟學」。

　　至於新制度經濟學在轉軌國家的流行和社
會影響也大致可做如是觀。新制度經濟學對於
個人和組織的經濟行為的研究，對於經濟活動
中人們之間權力、利益關係的研究，這些都很
接近於經濟現實；而正統西方經濟學日益精確
化、數學化的趨向，則是日益遠離人的利益關
係的研究。新制度經濟學這種研究人們之間利
益關係變化的理論，和轉型社會中不斷發生的
利益調整、利益再分配的現實需要恰恰吻合。
這是一方面。另一方面，前計劃經濟國家的經
濟改革是一次重大的制度變遷，各國所實行的
「漸進改革模式」或「激進改革模式」與新制
度經濟學中的「誘致性制度變遷」和「強制性
制度變遷」互為表裡，這也為新制度經濟學檢
驗和發展自己的理論觀點提供了一個不可多得

的「實驗場」。西方正統的宏、微觀經濟學是成
熟市場經濟的經濟理論，它與尙處在建設中的
不成熟市場經濟相距遙遠。制度經濟學則不
然。市場經濟建設初期經歷的制度缺失和秩序
混亂，從計劃經濟制度向市場經濟制度的轉
軌、制度的建立及其經濟影響的產生過程，這
些爲經濟學家提供了得天獨厚的研究機會，它
絕不是西方學者的「隔岸看花」或考據歷史所
能比擬的。

　　無論在什麼意義上，新制度經濟學都還不
是一個完善的理論體系，「新制度主義」思想的
影響也不僅限於經濟學領域，更包括了法學、
政治學、社會學等許多學科。但是無論如何，
新制度經濟學是其中最有作爲的領域之一，因
爲經濟活動是人們賴以生存的最基本的活動之
一。

# 第一章
# 制度、制度的起源與功能

## 一、制度意味著什麼

「制度」（institution）也許是我們普通人接觸最多而又最容易忽略的東西之一了。實際上，我們每個人的一生都在與制度打交道：剛一出生就納入了戶籍制度；從幼稚園到小學、中學、大學乃至碩士、博士，我們在與不同的教育制度（公立的或私立的）打交道；就業謀生時，如果進入企業，我們就成了企業制度中的一環，我們離不開與雇主的契約制度、工資

制度、保險制度；在政府或其它公共部門就業，同樣離不開這些制度，同時還要受到政府制度本身的影響。即使是娶妻生子、成家立業，也要遵從婚姻制度、家庭制度。除此之外，我們每個人都生活在特定的社會制度、政府制度、憲法制度和文化傳統之中，這些制度也時刻都在規範、限制和影響著我們的生活與我們的行爲。

　　所以，制度並不是什麼高深、神秘的東西，也不僅僅是（或者說主要不是）離我們普通人生活相去甚遠的某種「主義」之類，而是我們隨時都與其發生關係的無所不在的東西。新制度主義的特點之一就是把「制度」請下了「聖壇」，使之成爲與每個人的活動有關的「世俗」概念。也許正因爲如此，新制度主義的理論才具有那麼大的包容性和影響力。

　　把上述意思用比較學究氣的語言表述出來，就是經濟學家關於制度的界說。雖然關於制度的概念有各式各樣的說法，但比較被一致接受的是舒爾茨（T. W. Schultz）所提出的定

義。按照舒爾茨的說法，制度可以定義為「一種涉及社會、政治和經濟行為的經濟規則」。也就是說，凡用來規範人類活動的規則就是制度。

那麼，人類的行為，即使僅就經濟行為而言，也是紛繁複雜、多種多樣的；相對地，用來規範人們行為的制度也會是多種多樣的。但是，儘管經濟制度紛繁複雜，從其作用的性質來講，按照舒爾茨對於制度概念的經典性分類，不外乎四類：第一類是用於降低交易費用、使交易以較低的成本達成的制度，這方面的制度，如貨幣制度、期貨市場等等。第二類，用於影響生產要素所有者之間風險配置的制度，如合約、分成制、合作社、公司企業、保險、社會公共安全計劃等。第三類制度是用於提供職能組織與個人收入之間的聯繫的制度，如財產制度，包括遺產法、資歷和勞動者的其它權利。第四類，用於確立公共財貨和勞務的生產、分配框架的制度，如高速公路、機場、學校和農業試驗站。

行文至此我們似乎已經開始領悟到制度意味著什麼，以及經濟制度包容之廣泛。不過，要說清制度意味著什麼，闡析制度和與之相關的組織和個人之間的關係，以及說明制度的經濟本質，僅有上述分類顯然還不夠。我們必須弄清在新制度經濟學的分析框架裡，制度概念的深刻涵義：

——制度與人的動機、行為有著密切的內在聯繫，歷史上任何制度的產生，都是人在追求自身利益的過程中進行損益比較的結果。人們進行經濟活動的目的是為了追求自身的最大效用，但人的效用最大化活動總是在一定的約束之下進行的，這種約束就是制度。人們之所以願意遵守這些制度，是因為在人們的現有理性下，遵守這些約束有利於實現其目標。因此可以說，制度就是人們在經濟活動中「發明」或「創造」出的一系列有利於實現其效用最大化目標的規則、規範和約束。

——制度是一種「公共財」（public goods）。經濟學把其消費不具有排他性的財貨

或勞務，定義爲公共財，如國防、公共安全、生態環境。制度作爲一種行爲規則對所有人和所有經濟活動都具有約束力，其服務功能也遍施於所有人，不會因爲某個人的使用而妨礙別人的使用；因此，制度具有一般公共財的性質。同時，制度又有別於一般公共財。首先，起初它常常並不是做爲公共財生產出來的，而只是要約束特定對象或爲特定人服務，此後慢慢擴散，被廣泛採用，成爲公共財。其次，制度是無形的，這一點不同於大多數公共財。此外，制度的消費也並非完全不具有排他性，對某些人有利的制度可能不利於另一些人，後者就無法消費這種制度。不過，總結來說，制度具有公共財的一般性質。認識這一點，對於理解制度本身以及對制度的經濟分析是不可或缺的。

　　——經濟制度不同於經濟組織。制度的出現常常伴隨著組織的建立，譬如公司制度伴隨著各種組織和機構。有時候，制度是由組織來實施的。但制度畢竟不等於組織；離開組織，

制度一樣可以存在並發揮作用。經濟學家喜歡把制度比喻成是「社會遊戲的規則」，而組織則是遊戲的「角色」。在這裡，個人也可以視為一個組織，其在制度中的作用與由多人構成的組織並無二致。

　　——在理解制度的涵義時，必須把「制度環境」和「制度安排」這兩個概念的關係搞清楚。按照諾斯的解釋，「制度環境是一系列用來建立生產、交換與分配基礎的基本的政治、社會和法律基礎規則」。制度安排則「是支配經濟單位之間可能合作與競爭的方式的一種安排」。通俗地說，制度環境指的是一些基礎性的根本規則，因而也被稱作「基礎性制度」，它的建立要經過正式程序，一經確立就相當穩定，較少變化。制度安排則更接近於一般對制度的理解，它是根本制度的具體化、細節化。制度安排可以是正式的；也可以是非正式的，可以是長久的，也可以是暫時的。區分這兩個概念，對於理解制度的供求和不同制度變遷方式具有重要意義。

# 二、「科斯的燈塔」與制度起源

我們已經知道，制度被新制度經濟學家理解為行為規則，我們時時刻刻都處於各種規則的約束之中。那麼，這些制度（規則）從何而來？為什麼會有這些規則？沒有這些規則社會生活和經濟生活是否也能照樣運轉？這些涉及到制度的起源。

關於制度起源，新制度經濟學家做過大量的歷史考察和邏輯思辨，從而誕生了各種制度起源理論。其中最為著名的有「囚犯困境」與合作博弈模型、科斯制度起源模型、諾斯制度起源模型。這三種理論分別從不同角度，深刻揭示了制度的起源與功能。

## 「囚犯困境」與合作博弈模型

「囚犯困境」（prisoner's dilemma）模型是1950年由塔克（A. W. Tucker）提出的，這

一模型後來被引入經濟學，成爲分析經濟活動中的合作行爲的重要理論依據。

　　假設有某甲和某乙，二人因共同作案而被逮捕。檢察官與二人分別問案。面對甲時，檢察官說：「我已經有足夠的證據判處你們一年監禁。但是如果你單獨坦白交代，雖然犯罪的嚴重程度應該判刑十年，我可以只判你三個月，而判你的同夥十年。但是，如果你們兩人都坦白交代了，那麼，你們兩人都要被判徒刑五年」。這時甲該怎麼辦？坦白交代從而希望得到很短的監禁嗎？那比不坦白而坐牢一年要好。不僅如此，如果甲不坦白而乙又背著甲坦白了，甲就要坐牢十年。如此說來，還是坦白的好，最多判刑五年。與此同時，乙也面對著同樣的問題，坦白還是不坦白？要是乙能知道甲的想法該多好。可惜，他們誰也無法知道對方的想法，他們都陷入了兩難之中。

　　在這種情況下，兩個囚犯出於前述自私的想法，都會選擇坦白交代。兩人都選擇了坦白，結果兩人都招致五年的長期監禁。此時，只有

他們選擇「合作」或利他主義（即犧牲自己，讓自己可能被判十年，而成全對方只關三個月，也即不坦白）的行為方式，他們才能獲得較好的結果：兩人都被監禁一年（兩人都選擇了不坦白）。這說明在某種情況下，人們的自私行為（個人利益最大化行為）並不會帶來「自利」的結果，反而可能弄得兩敗俱傷。雙方選擇合作，共同遵守某些「遊戲規則」，有可能使雙方受益，雙方同時都達到最大收益。

　　「囚犯困境模型」是「博弈論」（game theory）的一個重要模型。從這個模型中，制度經濟學家發現了制度起源的基礎。如上所述，如果一個集體中的每個個體都僅僅從個體理性出發，追求自身利益最大化，其結果導致的是「集體非理性」——誰也不能達到利益最大化。這一點具有重大意義，它恰恰是對正統經濟學關於「價值機制可以使每個人追求自身利益最大化的行為，自發地帶來最大社會利益」這一理論基礎的否定。相反地，如果每個個體都能遵守某種合作規則，在此規則的約束之下

追求個體利益，結果就能帶來每個人的利益最大化。這種大家共同遵守的遊戲規則，就是制度。因此，制度的起源，正是在於個體理性和集體理性的衝突，在於克服這種衝突的努力。人們在充分多次的相互交易、接觸中，在追求個體利益最大化不斷碰壁的經驗累積中，逐漸會體會到這種遊戲規則的重要性，體會到「制度」對於相互之間交易活動的必要性。經濟制度也便由此慢慢形成並不斷完善起來。

　　石油輸出國組織（OPEC）是說明合作博弈與制度起源的一個極好的例子。OPEC產生前，各石油輸出國完全各行其事，根據自身利益最大化的目標任意提高或降低價格和產量。但是，在長期的競爭中，他們逐漸發現，這種利己主義的、不受約束的行為，不但沒有帶來最大利益，反而讓進口石油的發達國家坐收漁人之利。於是，經由彼此談判、妥協、討價還價達成的對石油產量與價格的某種約束和限制，逐漸演變成為OPEC這一組織和制度。因此，在制度經濟學家看來，OPEC的出現首先是

一種在合作基礎上的制度創新。

　　應該提到的是，制度經濟學所說的「合作博弈」(cooperative game)的達成以及人們的「利他主義」行為，並不是某種道德追求的結果，而同樣是「經濟人」(economic man) 追求自身利益的結果。因為，「經濟人」在多次交換中發現，遵從某種合作規則，比藉由欺詐自作聰明地獲取少數幾次不義之財更有利，今天的欺詐獲利很可能會由於明天的被欺詐所抵銷。人們一旦有了這樣的共識，制度便會自發地產生。在這裡，所謂制度實際就是在市場交換中的合作規則和習慣。經濟人選擇合作，就像當初他們選擇不合作（欺詐）一樣，也是經過成本—效益計算的結果。經濟學上的「利他主義」並不是道德說教的勝利，而是基於經濟原則。在個人的效用函數 (utility function) 裡，既有利己主義，也有利他主義，人們選擇哪種「主義」，要看哪種主義更有利於自身效用函數的最大化。

## 「科斯的燈塔」與科斯制度起源理論

　　科斯制度起源理論的核心是建立在「交易費用」概念之上的。因此，為了說明科斯制度起源理論，必須首先就交易、交易費用概念做一些解釋。

　　交易(transaction)，按照通常人的理解就是財貨或勞務的買賣活動，或者就權利義務關係達成的某種合約。傳統經濟學也是這樣理解交易的。不過，從古典制度經濟學開始，交易概念就被大大地擴展和一般化了。這方面的貢獻屬於康芒斯。他在《制度經濟學》一書中，首次將「交易」概念和一般化的「生產」概念相對應。按照他的劃分，人類的全部經濟活動不外乎生產活動和交易活動。「生產」活動是人對自然的活動；「交易」活動是人與人之間的活動。康芒斯並且進一步把交易分為三種基本類型：買賣的交易，即平等人之間的交換關係；管理的交易，即上下級之間的交換；限額的交易，即政府與個人的經濟關係。康芒斯的

貢獻在於把交易概念大大地進行了擴展，把我
們通常認爲不相干的一些事情，如買賣活動、
經理對工人的管理、政府向居民徵稅，通通納
入交易這種一般性概念之下，並把不同的經濟
體制理解爲這三種交易的不同比例的組合。

　　新制度經濟學繼承了康芒斯對交易的認
識，並把它納入經濟分析的框架，進一步提出
交易費用的概念。「交易費用」(transaction
costs，也譯作交易成本)，通俗地說就是與交
易的達成和執行有關的費用。按照這一概念的
提出者科斯的說法，交易費用是獲得準確的市
場訊息所需要付出的費用，以及談判和經常性
契約的費用。威廉姆森 (O. E. Williamson)
進一步把交易費用分成兩部分：一是事前交易
費用，即爲簽訂契約、規定經濟雙方的權利義
務等所花費的費用；二是簽訂契約後，爲解決
經濟本身所存在的問題所花的費用，如改變條
款、修改協議直至退出交易等。

　　新制度經濟學認爲，交易費用是經濟活動
中普遍存在的一種費用，它的規模巨大，無所

不在，是對經濟活動的一種重要的限制和阻礙
（有人把經濟活動中的交易費用現象比做物理
中的摩擦力現象）。據諾斯估計，交易費用占美
國GNP的50％。香港大學的張五常教授（Che-
ung, Steven N. S.,他也是著名的制度經濟學
家，被認為是研究新制度經濟學人物中在亞洲
的最重要代表）甚至估計，交易費用占到香港
國民生產總值的80％。而經濟制度的存在，起
因就在於交易費用。

　　科斯在他的〈企業的性質〉和〈社會成本
問題〉這兩篇傳世經典論文中討論了制度的出
現與交易費用的關係。他指出，如果經濟活動
中不存在交易費用，那麼任何制度都是多餘
的，因為無論初始權利如何界定，亦即無論有
無制度、制度如何，都不會影響到資源的最優
配置。但是，經濟中不存在交易費用就像物理
世界中不存在摩擦力一樣，都是與現實不符的
假設。現實世界中，交易總是有成本的（這一
點，留待後面專門討論）。由於交易成本的存
在，許多交易根本就不能達成；即使能夠達成

的交易，也浪費了不少資源，從而在經濟上是效率不高的。為了節約交易費用，實現更高效率的資源配置，人們不斷尋找降低交易費用的方法；而人們最終找到的方法，就是各種交易的規則。他們發現，按照這些規則行事，交易費用就能夠降低，人們也能夠獲得更大的利益。人們交易活動中所建立的這些規則，就是制度。因此，科斯認為，交易費用的存在必然導致制度的產生；而制度的運行又有利於降低交易費用。合同制度、企業制度、保險制度、貨幣制度等等都是為了降低交易費用而出現的。

　　為了進一步說明交易費用與制度的起源，有必要談到著名的「燈塔」的例子。經濟學家把燈塔作為公共財的代表。這種財貨，就像其它公共財一樣，一旦生產出來，它的消費就不具有排他性，也就是說，無論誰建造了燈塔，任何人都可以免費利用它。這種免費利用公共產品的現象，經濟學上稱作「搭便車」（free rider，也譯作免費搭車）。搭便車現象的普遍存

在使得燈塔建造者的私人收益低於社會收益，於是私人誰也不願意出錢來修建燈塔，雖然燈塔對於夜間航行是必須的。解決問題的辦法就是由政府出面，用公眾的納稅所得修建燈塔並進行維護，以保證其使用。正統經濟學正是以此來論證政府干預經濟和建立公共部門的觀點的。

　　然而，事情並沒有到此結束。由政府出錢修建的燈塔總是維護不良、管理不善、缺乏效率，資源因而被浪費。這讓科斯去實地考察燈塔制度。他到了英國，實地了解了英國燈塔制度的歷史和現實。他發現，早期英國的燈塔都是私人修建和經營的。建造者根據過往船隻的大小、次數對它們收費，以此來補償修建和維護燈塔的支出。問題是，總有一些船隻不願意交費，它們或者不承認使用了燈塔，或者乾脆拒絕交費。為此，建造者必須配備一套設施和人員來監督和執行收費。但是，維持這些設施和人員以執行交易的費用（交易費用）過高，以至於大大超過了收入。提高收費標準會使更

多的人試圖逃避付費，交易費用也會隨之上升。這樣，由於交易成本過高，私營燈塔制度終於無法維持，最後讓位於政府經營。科斯認為，私人燈塔制度消失的原因在於交易成本，交易成本過高又源於制度的缺乏。如果政府能夠透過建立相應的強制收費制度，私人燈塔制度的交易成本就會降低，私人燈塔制度也就無需由政府的燈塔所取代。「科斯的燈塔」表明了制度與交易費用的關係，同時它實際上還揭示了科斯制度起源理論的一個重要思想：市場交易制度（私營燈塔）和政府交易制度（國營燈塔）是兩種可供選擇的制度安排，究竟哪種制度能夠實施，取決於哪種制度的交易成本更低。

諾斯制度起源理論：從簡單交易到非個人交易

　　關於制度起源，諾斯從另外一個角度，即從人們之間交易方式變化的角度作出解釋。他的解釋同樣深刻揭示了制度的起源，而且還從經濟學的邊際分析角度，準確界定了制度出現

的邊際條件。

諾斯認為，人類迄今為止所經歷的交易形式，從交易的複雜性和訊息完全性上可以劃分為兩種，一種是個人之間的簡單交易，另一種是非個人交易。在簡單交易形式下，經濟活動的專業化和分工都處於原始狀態，交易是重覆不斷發生的，買和賣在時間和空間上不可分割，經常是同時發生的，一方的買就是另一方的賣。物物交換和簡單貨幣交換都屬於這種形式。此時，每項交易的參加者很少，交易當事人對交易擁有完全訊息，互相不太可能隱瞞和欺詐對方。這種情況下，交易的進行非常簡單，不需要複雜的制度人們同樣可以順利達成交易。在這種交易方式所對應的生產方式下，經濟活動的專業化程度較低，市場範圍局限於某一地域，生產費用高而交易費用不高。

然而，隨著專業化和分工的發展，非個人交易形式開始出現並且越來越重要。在這種交易形式下，交易活動本身極其複雜，交易的參加者很多，專業性很強。人們不容易擁有關於

交易的完全訊息，交易雙方之間的訊息也不可
能完全對稱。於是，在這種交易方式下，欺詐、
違約、投機取巧等應運而生。為了防止欺詐、
違約等現象的發生，交易者不得不花費更多的
時間、精力和費用去了解訊息、尋找合適的交
易對象，如此等等，交易費用必定大大增加。

　　從經濟發展的歷史過程來看，越進入現代
社會，分工越發展，交易越複雜，以至於到今
天我們連我們自己的錢都不會用了：買房置產
要去找房地產經紀人，日常購物要去參考和翻
閱各種購物指南，投資炒股更離不開投資顧問
和投資基金。這些都說明社會越來越進入非個
人交易佔統治地位的時代。專業化和分工的發
展使經濟效率更高，生產成本降低；但非個人
交易的發展和與之相伴而生的欺詐等現象的大
量泛濫，一方面增加了交易成本，另一方面更
使很多交易無法達成。所以，從生產與交易的
統一來看，專業化使生產費用降低的同時卻使
交易費用提高，甚至有時候生產費用的降低尚
不足以彌補交易費用的提高。如果是這樣，分

工和專業化就不得不停止。因此，制度經濟學表明，在歷史上，分工和專業化的發展，常常受到交易費用提高的制約。亞當斯密所創立的古典經濟學只看到分工受市場規模的限制，而沒有看到分工與交易方式之間的關係這一更深層次的問題，新制度經濟學無疑大大發展了傳統經濟學的理論，使之更接近於現實。

　　然而，從歷史發展的實際結果來看，分工和專業化仍然迅速發展著。這說明有某種因素抵銷和抑制了交易費用的提高。這種因素就是制度。由於交易費用嚴重妨礙著社會分工這一促進效率提高的進程，社會就產生了對降低交易費用的手段的強烈需求，這種手段就是制度。於是制度應運而生。制度的出現，會使因交易複雜化造成的交易費用增加得以降低。而且，專業化如果能夠發生，那麼專業化程度的每一步提高所節約的生產費用，剛好大於由此所引起的交易費用的增加。用經濟學的術語來說，就是專業化帶來的生產費用的邊際節約，必定等於交易費用的邊際增加。

## 關於財產制度的產生——制度起源的一個實例

　　以上幾節分別討論了囚犯困境與合作博弈模型制度起源理論、交易費用與科斯制度起源理論和諾斯制度起源理論。這些理論，雖然側重點有所不同，其要旨並無分別，即是：分工促使經濟效率提高同時產生交易，交易必然存在著費用，交易費用的增加會阻礙分工的進一步發展從而影響經濟效率的進一步提高，爲降低交易費用，人們在彼此交易活動中必須進行「合作」，遵守某些規則和慣例，這些規則和慣例就是制度，制度的出現是爲了克服交易費用的增加。

　　這些討論儘管依據人類經濟活動發展的歷史過程，其邏輯可說無懈可擊，但討論畢竟是在純理論層次進行的。爲了進一步理解制度起源這一新制度經濟學的重要命題，我們從財產制度這個最重要、最古老的制度產生的實例，再來具體說明制度產生的過程。

　　在一個假想的擁有人、土地、農耕技術和

武力，但沒有政府和法院的世界裡（這個世界很接近於人類社會某個歷史階段的圖景），人們靠耕種土地收穫糧食為生。由於沒有土地的財產制度，某人在某一塊特定土地上的權利並不為其它人所承認，於是經常發生彼此盜竊、搶劫糧食的事情。為了維護自己的勞動成果，人們不得不依靠武力來保護。不過，用武力保護必然要撥出相應的人手，製造相應的武器和設施，這必定要從用於糧食生產的資源中佔用一部分資源，減少糧食的生產。由此推論之，人們用武力保護自己糧食的行為之出現，有一個先決條件，即人們從保護行為中所獲得的收益（即因為保護行為而減少的被盜竊或搶劫的糧食的數量）必須大於保護活動本身的成本（即因為保護活動佔用資源而減少的糧食產出量），或者說，武力保護活動的邊際收益必須大於或等於保護活動的邊際成本。如能滿足這一條件，對於一家一戶來說，保護活動是有經濟效率的。

但是，這種從個人角度來說具有效率的活

動，從社會角度來看卻是沒有效率的。因為，從社會角度看，用於防範盜竊搶劫的資源本來是可以用於糧食生產的。如果相互之間能夠形成「合作共識」，則大家的收益都可以增加。然而，社會的運轉不能建立在道德自覺的基礎上，關鍵問題是能不能找到一個別的機制，既保護各家的土地所有權和收益權，又能大大節約原來投入到武力保護上的資源使之用於農業生產。

在長期的歷史發展過程中，經過多次重覆同一做法，理性的人慢慢會發現，多家聯合起來保護其土地產權比一家一戶各自為政效率要高，可以節約資源。後來進一步發現，這種防禦系統的規模越大，效率越高，最好的辦法是由每個土地佔用者拿出其收益的一部分交給一些特定的人，由這些人專門負責維護土地佔用者的現有權利。人們發現，此時他們所拿出的那部分收益（是其總收益的損失）比之自己一家一戶地建立防禦系統的損失要小得多。這樣，專門負責維護財產權的機構──國家（政

府）就形成了，土地的財產制度也建立了，人們為換取國家提供財產權保護而向國家交納的那部分收入就是稅收。

由此，我們可以看到財產制度產生的過程，也可以看到國家作為一種在發揮強制力方面具有比較優勢的組織產生的過程。這種過程驗證了新制度經濟學對於國家的看法。新制度經濟學認為，國家是在建立產權保護體現方面具有優勢的組織。正如諾斯所說，離開產權，人們很難對國家做出有效的分析。

應該再次強調，無論從邏輯還是從歷史來看，制度的起源都是人們在千百次不斷重覆的交易中慢慢發生的。無論是囚犯困境還是防止欺騙，人們總要經過多次的相同經歷才能形成合作共識。而一旦達成某種共識，制度就產生了。

# 三、我們為什麼離不開制度：
## 關於制度功能的討論

　　有關制度起源的討論實際上已經涉及到制度的功能問題。制度可以節約交易成本，用比較小的代價獲得比較大的利益。如果沒有度量衡制度，那麼我們先人的每次交易都會因為數量的多少而爭論不休；如果沒有明確的私有財產保護制度，那麼社會將不得不把越來越多的資源用於非生產性的防止財產侵犯上面。至於現代社會我們就更是須臾也離不開制度的保護和制約。離開了現代企業制度，任何有效率的經濟活動和大規模生產都無從談起；離開合同制度對當事雙方權利的保護，我們在買賣產品、提供或接受服務時就必須小心謹慎、詳盡考察、左右權衡，以免上當受騙。沒有明確的產權制度，我們連與我們的鄰居都不好相處，君不見公共的樓道由於沒有明確的權利責任分配總是污濁不堪，而當你推開每一扇房門，「產

權」明確的一扇門之後總是窗明几淨，美侖美
奐。我們可以不誇張地說，現代社會和現代經
濟的每一份成功都離不開制度的貢獻；現代社
會和現代經濟的問題重重，也每每與制度的不
完善相關。

　　那麼，從經濟學的角度出發，制度的作用
究竟何在？新制度經濟學把制度的主要功能解
釋為「降低交易成本」、「提供激勵機制」、「消
除外部效果」、「創造合作條件」。我們可試著
來詳細地討論一下這些作用。

## 制度降低交易成本的功能

　　前已指出，制度起源的基本背景就是隨著
分工和專業化交易費用越來越大，以致妨礙了
分工的發展。而制度的出現剛好配合了降低交
易費用的作用，使分工得以順利深化。制度的
最基本的功能就是降低交易成本。

　　交易費用的概念是由科斯提出的。自科斯
以後，經濟學家對於交易費用作了大量研究。
其中之一是威廉姆森對於交易成本決定因素的

分析。他指出，交易費用的大小受兩類因素影響。第一類因素涉及市場環境的特點，如市場的不確定性、潛在交易對象的數量等等。市場的不確定性越高、潛在的交易對手越多，交易成本就越大，反之越小。這一類因素被威廉姆森稱為「交易要素」。第二類因素涉及交易者（人）所具有的「人性特點」。第一個特點是「有限理性」（bounded rationality），即人的理性、知識、思考能力等等都是有限度的，他不是全能的，不可能無所不知；另一個特點是人的「投機取巧」傾向（或曰機會主義傾向，opportunism）。人的這兩個特點越強，交易成本就越大，反之越小。這一類因素被稱為「人的因素」。由於交易因素和人的因素的共同作用，現實中的交易活動總是有成本的。當交易成本明顯存在時，人們就會創造出相應的市場交易制度，使交易者面對的市場不確定性降低，潛在交易對手減少，同時使交易者具有有關交易的更多訊息，抑制人的投機取巧傾向。這樣的制度就會影響到降低交易成本、提高效率的作用。

　　經濟中許多制度的建立都是爲了降低交易成本。常見的例子，如股票交易所的出現使普通人有可能以很低的交易成本實現對企業投資。深奧一點的例子如科斯所說，企業制度本身就是爲降低交易成本而出現的。因爲企業的生產活動本來也可以透過單獨個人之間的市場交易進行。只是由於市場交易的成本太大，才由企業這種組織形式取而代之，以交易內的管理交易代替了低效率的市場交易，從而節約交易成本，提高效率。

## 制度對經濟活動的激勵作用

　　我們常常碰到這種情況：一個人在甲國工作時經常偷懶摸魚打混，但到了乙國卻努力工作拼命得很；一個人在這個單位整天無精打采，到了那個單位卻精神百倍。推而廣之，爲什麼有些國家人們努力工作，另一些國家人們卻不願勞動呢？在我們看來，這原因就在於一個單位、一個國家是否具有激勵人們努力工作的動力。那麼，這種動力從何而來？只能歸溯

於制度。

　　制度的基本功能之一就是為人們提供一個
穩定的激勵機制，使得努力工作能夠得到相對
的報償，能夠有助於個人效用的增加，反之亦
然。這方面的制度有很多，如按勞付酬的工資
制度、鼓勵和保證科學發明的專利制度、版權
制度、商標制度、許可證制度、保護個人財產
的財產制度等等。一個社會擁有這方面的完善
制度，小而言之，可以促進相應創造性活動的
發展和繁榮；大而言之，社會成員的創造活動
和努力就可以得到激勵，社會可迅速發展進
步。反之，缺乏這類制度或不認真執行制度，
就小地方而言，個人的積極性會受到壓抑（某
些開發中國家泛濫地侵權、盜版、任意假冒名
牌產品乃源於制度缺失，其結果則是其創造性
活動的被壓抑），而擴大來看，社會中的創造性
活動和增進社會財富的活動會萎縮，社會就會
停滯。

　　道格拉斯‧諾斯在分析十八世紀以來西方
社會迅速發展進步的原因時，明確地把這種進

您購買的書名：＿＿＿＿＿＿＿＿＿＿＿＿＿＿＿＿

購買書店：＿＿＿＿＿市縣＿＿＿＿＿書店

性　　別：□男　□女

婚　　姻：□已婚　□未婚

生　　日：＿＿年＿＿月＿＿日

職　　業：□①製造業　□②銷售業　□③金融業　□④資訊業
　　　　　□⑤學生　□⑥大眾傳播　□⑦自由業　□⑧服務業
　　　　　□⑨軍警　□⑩公　□⑪教　□⑫其他＿＿＿＿

教育程度：□①高中以下（含高中）　□②大專　□③研究所

職 位 別：□①負責人　□②高階主管　□③中級主管
　　　　　□④一般職員　□⑤專業人員

您通常以何種方式購書？

□①逛書店　□②劃撥郵購　□③電話訂購　□④傳眞訂購
□⑤團體訂購　□⑥其他

對我們的建議

106-□□

台北市新生南路3段88號5F之6

揚智文化事業股份有限公司　收

姓名：

地址：

市　鄉鎮

縣　市區

路（街）

（請用阿拉伯數字
書寫郵遞區號）

段　巷　弄　號　樓

電話：（　）

FAX：

步歸因於當時的制度創新和制度變遷。他指
出,「有效率的經濟組織是增長的關鍵因素。西
方世界興起的原因就在於一種有效率的經濟組
織。有效率的組織需要建立制度化的設施,並
確立財產所有權,把個人的經濟努力不斷引向
一種社會性的活動,使個人收益率不斷接近社
會收益率」。同樣地,自清中葉以來中國社會和
經濟發展的停滯、落後,與日益喪失活力和激
勵能力的封建制度的關係,也從反面證明了這
一點。

## 制度為合作創造條件

　　新制度經濟學認為,傳統經濟學強調競爭
而忽略了合作。實際上,競爭與合作是經濟活
動中既對立又統一的概念。競爭能夠帶來效
率,這已被古典經濟學經由嚴格的數學邏輯所
證明。但是,如果只講競爭,不講合作,那麼
會如同只講合作不講競爭一樣造成效率損失,
這同樣被博弈論的合作博弈模型所證明。「過
猶不及」,有一利必有一弊,這同樣適用於經濟

活動。就像古典經濟學強調分工帶來效率一樣，分工的發展同樣要加大協調成本（交易成本）。故此，我們在「囚犯困境」中已經看到的那樣，合作能夠給雙方帶來利益。

　　但是，合作不是無條件的。只有當合作能夠給雙方帶來利益時，經濟人才會選擇合作。而合作之所以能夠帶來利益，又依恃於必須有一種規則即制度，供交易者遵守。可見，制度的存在保證交易雙方選擇合作的行為對彼此都有利，而選擇不合作或投機取巧對彼此都不利。譬如，如果沒有制度，違約行為就會大行其道。制度的約束使違約者會付出比違約收益大得多的違約成本，此時，它就會選擇執行合約即合作。由此可見，制度的重要功能之一是保證交易者有更多意願選擇合作，為合作創造條件。

## 制度有利於消除外部效果

　　外部效果（external effects）問題是經濟學中一個極端重要的問題，甚至是全部現代經

濟理論發展的動力和核心。首先看兩個例子，
這些例子有助於弄清什麼是外部效果：

譬如您住在河邊，一直是靠河水來生活。
突然有一天河流的上游興建了一家工廠，他排
放的污水污染了河水，雖然不嚴重但您不可能
再飲用這河水，您必須到更遠的地方去取水飲
用。此時，您的成本增加了，但您能去找這家
工廠理論嗎？它會為此而向您道歉或給予賠償
嗎？

這一次假如您是個養蜂人。一直以來，您
養的蜜蜂不斷地為周圍花農的花提供傳授花粉
的服務，當然這對您並沒有損失什麼，但對您
周圍的花農卻是一個至關重要的好處，否則他
們的花就不會長得那麼好。為此，花農們會感
謝您嗎？您自己是否覺得他們應該感謝您或向
您付費才對？

這兩個例子中說的事情是生活中經常發生
的。它們看似不相干，實質上有一個共同點，
即兩件事中都有一方對另一方施加了某種效
果，但是這種效果並不涉及施加者自身的成本

收益。經濟學中把這種影響稱作「外部效果」。如果這種外部效果是好的、積極的，則稱為「外部經濟」（external economy）；如果效果是不好的、消極的，則稱為「外部不經濟」（external diseconomy）。像前例中對河水的污染就是外部不經濟，而養蜂的影響就是外部經濟。

　　經濟學上對外部效果的嚴格定義有多種多樣。其中一個定義是：「當一個個體的行為不是透過影響價格而影響到另一個個體的環境時，我們稱這種影響是外部性的」。諾斯對外部性效果的解釋也提到。他指出，當某個人的行為所引起的個人成本不等於社會成本、個人收益不等於社會收益時，就存在外部效果。

　　在傳統經濟學那裡，外部效果被作為「市場失靈」（market failure）的典型例證。外部效果不可能依靠市場機制來解決，因而必須由政府來干預。比如由政府向污染河流的人徵稅，補償給受污染損失的人，雖然這樣做也經常是效率不高的。科斯的〈社會成本問題〉一文改變了人們對於外部效果問題的看法。科斯

強調，外部效果的產生，很多時候是因為產權
制度不健全，產權界定不清。如果產權制度完
善，市場機制同樣能夠解決外部效果問題。譬
如河流污染問題，如果雙方權利關係清晰，污
染者沒有權利製造污染，那麼被污染者就可以
透過與污染者的談判——這種談判就是市場交
易——達成協議，解決外部效果問題。當然，
談判也是需要成本的，但是，只要最終能夠達
成協議，則說明得自談判的收益肯定大於談判
的成本（交易成本），如果未發生市場交易即談
判，則說明在現有交易成本下侵害是微不足道
的。

　　回到前面河流污染的例子。假如有明確的
權利關係，即制度確定工廠不能向河流中排放
污水，您就可以去向工廠談判，讓它停止排放
或給您補償。雖然談判會占去您的時間和精
力，花費成本，但如果您願意去談判，則說明
這種成本小於您可能得到的好處。如果工廠寧
願付給您補償而繼續向河中排放污水，那麼，
它得自污水排放的收益肯定大於付給您的費

用，否則它就會停止排放。

　　總之，藉由建立和創新制度，很多外部效果問題可以透過市場交易（談判）得到解決，其效率比政府干預的效率要高。對制度消除外部效果功能的認識，是新制度經濟學的重要觀點之一。

　　上述幾方面涉及了制度的基本功能。而無論是降低交易成本、創造合作條件，還是提供激勵機制、消除外部效果，都是透過提供經濟活動的刺激和提供有效訊息，以形成穩定預期來影響人們的偏好進而影響經濟行為的。可見，制度功能的發揮是透過改變人們的交易環境和改變人們的預期，而得以實現。

# 四、制度的構成：正式制度與<br>　　　非正式制度

　　制度是由若干具體規則、法律、條文和習慣構成的。構成制度的這些成分，其重要性和發揮作用的機制並非平起平坐、等量齊觀。理

解制度構成及其特點，有助於更深切地理解制度。

　　新制度經濟學家把制度分爲三部分：正式制度（正式約束、有形制度）、非正式制度（非正式約束、無形制度）以及制度的實施機制。

　　正式制度就是由人自覺地、有意識地制定的各項法律、法規、規則，這些制度多以成文的形式出現。一個社會的正式制度包括政治制度、經濟制度以及社會生活其它方面的制度。憲法是一個社會的最重要的正式制度，是其它制度的基礎。除憲法之外，其它各種成文法、不成文法、各種法規的施行細則、各種組織及個人之間簽訂的正式交易契約，都是該社會的正式制度。社會的正式制度爲社會提供了基本的行爲規範。僅就經濟方面而言，正式制度規定了社會的基本財產形態、人們經濟活動的界限、交易的基本規則、度量衡制度以及違反規則的懲罰措施。

　　需要指出的是，構成正式制度體系的各種制度也並不是平起平坐、同樣重要的。構成一

個社會的「制度環境」的那些基礎性制度（如財產制度、選舉制度、契約制度、企業制度等）都是正式制度，它們在社會中發揮著基本的規範和調節作用。但是，並非所有正式制度都是基礎性制度，某種針對特定領域制定的正式制度和個別的交易契約都不屬於基礎性制度。制度環境在所有制度中發揮著基礎作用，其自身具有相對穩定性。基礎制度的改變較為稀少也較為困難。而非基礎性的制度，其作用範圍相對較小，變化也較為頻繁、較為容易。

非正式制度常常被稱為非正式約束（informal constraints），它是制度構成中與正式制度相對應的另一類制度。非正式制度通常被理解為在社會發展和人際交往的長期歷史過程中形成的、不依賴於人們主觀意志的道德觀念和行為規範。主要包括社會的價值觀念、倫理規範、道德準則、風俗習慣和意識形態。非正式約束與一個社會的文化傳統有著很大的共同性。

非正式制度的產生遠遠早於正式制度。在

正式制度產生前，社會主要靠非正式約束來規範和協調人們之間的關係和交往。正式制度產生後，即使在正式制度已經大大複雜化和完善化的今天，非正式制度仍然是整個制度結構中的大多數，仍然發揮著重要的規範和調節人際關係的功能。

　　非正式制度的作用，大多以對正式制度的補充、完善和「細化」的形式出現。也就是說，正式制度無論怎麼完備，也不可能把社會生活的各方面通通置於自己的管轄之下，那些無法由正式制度來規範和調節的領域，就是非正式約束發揮作用的場所。另一方面，正式制度的建立細化到一定程度之後，就會使建立和維持這一制度的費用超過其收益，這時候，建立和維持該制度就是不合算的。於是，在正式制度作用的「邊界」之外，只能靠非正式約束來發揮行為規範的作用。

　　非正式制度的作用機制與正式制度不同。正式制度的作用是靠法律和強制來保證的，違反制度就要受到懲罰。但是一般來說，非正式

制度的作用並不靠強制來保證，它依靠的是傳統、社會輿論、道德力量和精神追求。非正式約束實施的非強制性，並不意味著它的作用較小或時有時無，一種社會規範一旦形成，其對人們行為的約束作用就是穩定的。

非正式約束中最重要的是社會意識形態。意識形態是人們對於世界的一套信念。它具體化為人們的價值觀念、倫理道德規範以及對個人與國家關係的認識等方面。人們做為「有限理性的經濟人」進行經濟活動，並在活動中追求物質福利和非物質福利的最大化。在這一最大化活動中，物質福利和非物質福利在人們主觀偏好中的順序或強弱、人們願意追求或放棄自身利益以求與外部環境達成「協議」的程度，都和人們的「意識形態」密切相關。同時，意識形態在形式上構成某種正式制度安排的「先驗」模式，或以「指導思想」的形式構成正式制度安排的某種「理論基礎」和最高準則。

意識形態的制度作用可以歸納為三方面：第一，它是個人與其環境達成「協議」的一種

節約費用的工具，它以世界觀的形式出現，從
而簡化決策過程，降低運行費用。第二，意識
形態中有關公平、公正等的倫理觀念有助於人
們在相互對立的方案之間作出選擇，節約選擇
的時間、降低成本並有效地克服搭便車現象。
第三，當人們的經驗與意識形態不一致時，新
的意識形態的產生有助於節約人們認識世界和
處理相互關係的成本，如強制執行某些法律和
制度的成本。

　　在非正式約束中，可以和意識形態相提並
論的也許只有「習慣」（habits）。制度經濟學家
認為，習慣就是在沒有正式約束的地方，發揮
著規範人們行為作用的「慣例」或「標準行為」。
習慣是在長期歷史和文化發展中積澱形成的，
它是社會文化傳統的重要成分。在正式制度產
生之前，習慣已經發揮著規範和協調經濟活動
的制度作用；正式制度產生後，做為非正式約
束的習慣仍然普遍存在，並在比正式制度廣泛
得多的範圍內發揮制度功能。

　　正式制度和非正式制度的劃分是對制度的

一種重要區分。區分正式制度和非正式制度對
於研究不同社會中制度的特點，特別是對於研
究制度變遷，具有重要意義。不過，雖然對制
度的這一區分意義重大，但正式制度和非正式
制度之間並沒有不可逾越的界限。很多正式制
度在做為正式制度存在前，就已經做為一種社
會習慣或傳統而存在並發揮作用，只不過後來
經由明確制定的正式制度，使之得以確認和固
定化而已。儘管如此，做為規範人類行為的兩
種制度，正式制度和非正式制度之間仍然有著
不少差別，兩者作用的特點，特別是其演變的
特點迥然不同，正是這種不同使得不同國家的
制度選擇和制度變遷呈現出不同景象，這是後
話，暫且不提。

　　制度的構成，除了正式制度與非正式制度
之外，還應該包括制度的實施機制。離開了實
施機制，無論是正式制度還是非正式制度都難
以發揮其規範人們行為的作用。正是在這樣的
意義上，實施機制成為制度的一個不可或缺的
部分。

　　所謂制度的實施機制，就是保證制度得以發揮作用的手段、工具、政策或措施。經濟學把人做為有限理性的經濟人來分析，這就是說，不能期望人們總會自覺自願地遵守某種制度。在經濟活動中，交易的達成離不開雙方的利益均衡，只有雙方都有利才能形成交易；一方的更多獲益，就意味著另一方的損失。但是，這並不是說交易的一方或雙方不企圖擴大自己的利益，減少對方的利益。事實上，由於在交易中雙方訊息的不對稱等原因，交易者經常希望違反或破壞交易規則以謀求私利。這時候，制度的實施機制就負起了保證制度實施、保護雙方利益的作用。由於實施機制的存在，違反制度就要受到懲罰。這種懲罰對違約者的損失通常大於其違約行為所能獲得的好處。如是，潛在的違約者在違約之前就要考慮違約的成本和收益，如若違約被處罰的可能性較小，或處罰造成的損失較小，潛在違約者就會變成現實的違約者。如果違約被處罰的可能性較大，處罰對違約者造成的損失較大，違約就成為一種

不合算的行為，他就會選擇遵守契約。在這一
過程中，決定這種選擇的就是制度的實施機
制。

正式制度的實施機制包括相應的機構、組
織、人員等等，通常靠政府的強制力保證執行，
因而違約成本較大。非正式制度雖然不是靠強
制力保證執行的，但既然它能成為一種制度，
就意味著人們對於其執行有著較為穩定的預
期。一旦違反這種預期，同樣會付出巨大的成
本。譬如說，某個人在商業活動中不守信用（雖
然並沒有違法）導致其它人都不再和他作生
意，他所蒙受的損失就是極大的。不過，非正
式制度由於其非正式性，人們依據它所形成的
對別人行為的預期總不如正式制度的預期穩
定、明確；也就是說，非正式制度的實施機制
不如正式制度嚴格、有效，其發揮制度作用的
強度也較弱。

# 第二章
# 制度的供求與均衡
# ——制度的經濟學分析

　　如果說對於制度含義及功能的觀點，已經
體現出新制度經濟學不同於以往經濟學的話，
那麼，更能體現新制度經濟學不同以往經濟學
理論，包括以往之制度經濟學的點睛之筆，則
是對其制度本身所進行的經濟學分析。因為，
在舊的制度經濟學那裡，已經確立了「交易」
和「制度」這些概念，雖然那時候的制度概念
更頻繁地被理解成一種傳統和習慣。但是，以
往的經濟學（包括長於制度與人際關係分析的
馬克思主義經濟學和舊制度經濟學）從來沒有
像分析生產要素或產品一樣分析過制度的供
給、需求、均衡、失衡，而供求分析乃是整個

經濟分析的基礎。這讓我們想起保羅・薩繆爾
森（P. A. Samuelson）在他著名的《經濟學》
教科書中引用過的不知原作者是誰的名言：
「你甚至可以使鸚鵡成為一個博學的政治經濟
學家——它所必須學的就是『供給』與『需求』
這兩個詞。」把制度作為一種「物品」納入新
古典的分析框架，是新制度經濟學的重要貢獻
之一。正是由於這種分析，使制度經濟學與正
統經濟學之間找到了共同邊界，也使其擺脫了
如加爾布雷斯的近代制度經濟學那樣被視為
「沒有理論的一大堆描述性材料」的境地。藉
此或可認為，對制度的經濟學分析乃是新制度
經濟學之所以成為「經濟學」的關鍵所在。

# 一、誰「生產」制度：關於制
# 　　度供給

　　制度的供給就是一個社會提供制度的能力
和提供制度的多少。我們知道，制度是規範人
們行為的規則。一個人只要與其它人發生關係

就需要有制度。那麼，這種制度由誰來制定呢？顯然地，誰需要制度誰就應該生產制度。但是，正如產品的生產要花費成本一樣，制度的生產同樣要花費成本。這種成本包括發現制度的短缺、設計出適用制度、保證制度的實施等等成本。制度的生產又與一般產品的生產不同，因為制度是一種公共財，一旦生產出來別人就可以免費使用，由此，制度的生產常常是不合算的。只有當制度的生產能夠給生產者帶來巨大的利益，其收益超過成本時，制度才會被生產出來。也就是說，由一個一個單獨個體（組織或個人）供給制度常常是沒有效率的，制度供給常常由於成本過大而不足。如果我們不是從制度起源的角度，而是從一般新舊制度更替的角度看待制度供給，那麼制度供給的成本還包括「機會成本」──放棄舊制度下所能得到的收益。這樣，供給的成本就會更大。所以，制度供給問題是一個成本與收益比較和權衡的問題。

那麼，制度供給的成本與收益又受那些因

素影響？在現實中，影響制度安排供給的因素十分複雜，歸納起來有如下幾個方面：

　　1.制度設計的成本。每一項制度的供給都需要花費成本。從發現現有制度的缺陷到產生設計新制度的想法，從對新制度的考慮到設計出一套適用的新制度安排，總是一件費時費力的事情。時間、人力、物力的花費構成制度供給的設計成本。相對地，如果設計某種制度對各種要素特別是人力資本的要求較高，則制度設計的成本就高。

　　2.制度的實施成本。一項新制度從設計出來到付諸實施同樣要花費成本。有時候，制度的設計已經完成，但由於實施該制度的成本過高，使得新制度也無法付諸實施。只有當實施這種制度的費用小於收益，制度才能實施。如果經常出現制度實施成本過大的問題，制度的供給就會受到影響。

　　3.憲法秩序。我們把憲法秩序理解為由憲法和其它最重要的基本制度所構成之制度環境。做為基礎性制度，它們規定了社會的基本

框架，其它制度的供給，只有與這一框架相適
應，才可能實現，否則其成本就會大大提高甚
至被制止。

　　稍微具體地說，憲法秩序對於制度供給的
影響表現，在於憲法秩序可以鼓勵創造新制度
的自由調查和社會實踐，也可以根本壓制這種
實踐；憲法秩序為新制度的創造規定了選擇空
間，它以對政體和基本經濟制度的規定來界定
供給新制度的可能方向和形式；憲法秩序還決
定了改變現有基本制度環境的可能性和難易程
度。

　　4.現有的知識積累和社會科學知識的進
步。弗農‧拉坦（Vernon Ruttan）對這一點
做過開創性的分析。他指出，知識積累和社會
科學知識的進步對於制度創新的作用，如同科
技知識的進步對於技術創新一樣，當科技知識
進步時，技術供給曲線就會向右移；當社會科
學知識和有關商業、計劃、法律及服務專業的
知識進步時，制度供給曲線也會向右移。進而
言之，社會科學和有關專業的知識進步降低了

制度供給的成本，正如自然科學及工程知識的
進步降低了技術供給的成本一樣。

　　5.非正式約束或規範性行爲準則。新制度
經濟學家強調，一個社會的非正式約束作爲一
種植根於文化傳統中的行爲規範，對於正式制
度的供給具有不可忽視的影響。與該社會非正
式約束相適應的制度，其設計和實施的成本都
比較小，相反地，一種與該社會的傳統、文化
和習慣以及意識形態都衝突的制度，其供給成
本就比較高。這一點，如同我們在討論非正式
約束的制度作用時所談到的。

　　由於制度供給是一個受很多因素影響的過
程，其成本收益比之產品的供給複雜得多，因
此，雖然在理論上任何經濟主體（政府、企業、
個人）都可以成爲制度的生產者，但實際上，
制度供給主要是由「政治企業家」（「制度企
業家」）來進行的。按照熊彼得（J. A.
Schumpeter）的定義，企業家是特別具有創新
精神的一群人，而「政治企業家」則是在創造
制度方面特別具有創新精神的一批人。他們是

政治家，但他們在生產制度上的創造力如同企業家在生產產品開拓市場上的創造力一樣，其在制度供給中的作用不可低估。任何新制度的正式供給，只有在政治家參與下，由政府制定或者由政治家對民間的「私下規範」加以確認，才能成為正式制度安排。

# 二、制度的潛在需求與現實需求

　　在對制度的經濟分析中，與制度供給相對的是制度需求。實際上，在說明制度起源時我們已經說明了人們為什麼需要制度。經濟學家喜歡舉漂流到荒島上的魯賓遜為例子（這個例子源自小說《魯賓遜漂流記》[*Robinson Crusoe*]）。荒島上的魯賓遜不需要制度。雖然資源（可供採集的野果）有限，但他獨自一人不需要與他人發生關係和交往。「星期五」的出現使制度成為必須，因為「星期五」也需要採集野果，而資源是有限的，如此一來，魯賓遜

與「星期五」就要建立一種制度，來約束和規範他們之間與有限資源（野果）的關係。這樣就有了對制度的需求。

不過，此時的需求，在某種意義上說只是一種潛在需求。有對制度的潛在需求不一定就會導致制度的產生。只有當制度能夠帶來的收益（外在利潤）大於生產制度所要花費的成本，這種需求才會變為對制度的現實需求，新制度也才有可能產生。所以，制度的需要可以這樣理解：在現有制度安排下損失的外在利潤大於生產一種能夠獲得外在利潤的新制度的成本時的需要。

應該說，對制度的潛在需求是無時、無處不在的，創造新制度的潛在能力也是無限的。但是，能否形成對新制度的現實需求，或者說新制度能否最終產生出來，關鍵取決於潛在利潤的大小和制度供給成本的大小。

從制度需求方面來說，影響制度潛在需求轉化為現實需求的因素很多，重要的有產品和因素的相對價格、憲法秩序、技術和市場規模。

## 產品和要素的相對價格

經濟活動的進行離不開勞動、資本、土地等各種生產要素，而且，在不同時間和地點，各種要素的相對價格是不同的，有時候土地昂貴，勞動便宜，有時相反。為了達到以最小投入獲得最大產出的目的，生產者總是希望節約使用相對珍貴的要素，多多使用相對便宜的要素。著名的英國經濟學家希克斯（J. Hicks）關於要素相對價格影響技術進步方向和方式的觀點是人所共知的。諾斯正是受到希克斯這一思想的啟發，把對技術的分析方法擴展到對制度的分析中，提出相對價格影響制度需求的思想。諾斯認為，一種產品或要素的相對稀少性乃至價格，影響人們對該產品或要素權利關係迫切程度的變化。一種產品或要素越稀少、價格越高，人們形成對該產品或要素的明顯產權關係的需要就越迫切，得自這種關係的收益也越高。這就是說，土地昂貴，人們就迫切希望建立土地產權制度，從這種制度中獲得的收益

也越高；勞動力昂貴，人們建立與勞動力有關的財產制度的需要就增強。稀少性小從而不值錢的東西是不必要建立制度的，因爲能從中獲得的收益過小，潛在的需求不能轉變爲現實需求。諾斯認爲，人類歷史上兩次重要的經濟革命（大規模制度創新），正是源自兩個重要的人口與資源比例的轉折點。

## 憲法秩序

憲法秩序即政權的基本規則，它決定了人們制度需求的領域和方向，藉此影響著制度需求。與憲法秩序相一致的制度需求有可能轉變爲現實需求；而與之不一致的制度需求，儘管其外在利潤很大，也不可能轉變爲現實需求。這種情況在很多國家發展的歷史中，都可以找到例證。誠然，當潛在中間足夠大而憲法秩序成爲主要阻礙因素的時候，也就產生了改變憲法秩序本身的潛在需求。許多國家所發生的根本性政權更迭和社會變遷，從經濟上來說即源於此。不過，在大多數情況下，憲法秩序是作

爲一項制度安排的外生變數而存在的。

## 技 術

技術是影響制度需求的重要因素。這種影響如此重要，以至於某些經濟學理論認爲技術決定著制度（這種思想被稱爲技術決定論）。技術發展水準和技術進步對制度需求的影響常常透過降低實施新制度的成本，而使潛在需求變爲現實需求。新制度經濟學家常提到的一個佐證是美國西部開發過程中土地所有制度的例子。美國西部開發初期，由於土地非常充裕，經濟上沒有建立土地所有制的必要。後來隨著人口土地關係的變化，出現了對土地所有權的潛在制度需求。但是，由於維護土地所有權的成本太高（建立牧場圍欄費用過高），土地的所有制度一直難以形成。後來，帶刺鐵網的出現大大降低了維持土地所有權的費用，相對於收益，鐵絲網的成本不再重要，這時候，對土地制度的潛在需求變爲現實需求，土地產權制度因而得以建立。

## 市場規模

　　市場規模對制度需求的影響，如同對分工的影響一樣。市場規模越大，對制度需求的規模也越大，潛在需求越有可能轉變爲現實需求。這是因爲市場規模擴大以後，同樣的制度創新成本就會被更多的交易所分攤，制度創新的固定成本就不會再成爲障礙。此外，一定的市場規模是形成某種制度需求的前提。沒有很大的市場規模，就不會出現交易所、股份公司這些制度。


# 三、從制度失衡到制度變遷

　　旣然可以像生產要素一樣分析制度的供給需求，那麼，自然也就存在著供求是否平衡的問題。這樣就出現了制度均衡或制度失衡的概念。

　　「均衡」（equilibrium）是經濟學中最常用

的一個概念，它有兩種含義。在比較狹義的理解上，均衡指的是對立變數的相等，比如某種商品的供求相等就是這種含義。在廣義上，均衡指的是相對的兩種勢力中任何一方都不具有改變現狀的動機和能力的一種均勢狀態。這種狀態也稱作「行為均衡」。制度均衡概念更常被應用在廣義上理解的一種行為均衡。

　　所謂制度均衡，指的是人們對現有制度結構和制度安排的一種滿意或滿足的狀態，因此無意也無力改變現有制度。從供求關係上來說，制度均衡意味著在現有的影響制度供求因素之下，制度的供給適應制度的需求。

　　我們已一再提到，制度的產生和選擇是人們一種成本收益比較的結果，人們選擇的依據則是某種制度安排所能帶來的淨收益。因此，制度均衡意味著現有制度供給在可供選擇的制度安排集合中是淨收益最大的。只要人們獲得了制度的最大淨收益，就可以說達到了制度均衡。

　　但是，影響制度供求的因素非常複雜，而

且幾乎時時刻刻都在發生變化。任何一種因素的變化都有可能使均衡的制度供求變得不均衡。所以，制度均衡是一個動態的、相對的狀態，是一種理想狀態，一種可望而不可及的狀態。現實的任何國家、任何社會的制度供求總是處於某種程度的非均衡狀態。

　　制度非均衡（制度失衡）就是人們對現存制度的一種不滿意或不滿足，意欲改變而尚未改變的狀態。人們不滿意現有的制度安排和結構是因為在現有的制度下，存在著明顯的外部利潤，如果改變現有制度安排就有可能獲得這種外部利潤。這時候，人們追求利潤的動機就會使人出現一種改變現有制度的欲望，人們就開始比較可能獲得的外部利潤，以及要改變現有制度所花費的成本之大小。如果人們認為未來收益大於成本，這時候對制度的潛在需求就變成了現實需求，而只要制度的供給尚未發生變化，這種制度失衡就一直存在。直到新制度的供給發生，新制度被採用，外部利潤被獲取，制度的均衡才告恢復。所以，從供求角度來說，

制度失衡就是供給與需求之間出現了不一致。

　　如同商品或要素市場的不均衡有供不應求和供過於求兩種情形一樣，制度的失衡，一般地說，也有制度供給不足和制度供給過剩兩種可能的情況。不過，產品市場上供給不足和供給過剩發生的可能性幾乎相等，但制度的供求，由於其公共產品的特性，不均衡主要表現為制度供給不足，只有在某些特定情況下，才會出現制度供給過剩的現象。

　　制度供給不足指的是制度的潛在需求，已經變為現實需求，即現有制度的外部利潤已經存在，但制度創新和新制度的供給遲遲難於發生，以至於外部利潤被白白浪費。

　　制度供給不足是經濟中常常發生的制度失衡現象，其原因涉及很多因素，但主要的是在於與制度作為一種公共財的特性以及整個制度環境的特點有關。首先，制度供給不足與制度供給的「時滯」（time-lag）有關。從制度不均衡狀態出現，外部淨利潤存在，到人們認識到這種情況，再設計出新制度、實施新制度，直

到新制度發揮功效，制度失衡消除，總要有一個時間過程。這一過程有時候會是相當長的。其次，制度創新中的「搭便車」現象的普遍存在也使制度供給不足。我們說過，制度是一種經濟學意義上的公共財，其消費和使用不具有排他性。而且，新制度的發明不可能像新技術發明一樣獲得專利保護。這樣一來，某些個人或組織費盡心血創造出的新制度安排，會被別人白白地拿去使用或模仿，從而發明者獲得的收益相對不足。這種現象就是制度創新中的「搭便車」現象。搭便車現象的普遍存在，使人們失去了進行制度創新的激勵，制度供給因而不足。簡單一例：股份公司制度的發明者所獲得的收益僅僅來自股份公司的收益，其它模仿者無需付出創新制度的成本，同樣可以享受這種收益。如果在制度創新上也實施「專利制度」，別的模仿者要向發明者支付一定的費用時，那麼，股份公司制度可能更早一步就被發明出來了。

制度供給的不足還與上層統治者的利益方

面的原因有關。某些制度的實施雖然可以帶來明顯的淨收益，但由於這一制度的施行可能危及到某些上層統治者的個人利益而不能實施，以至於制度失衡長期存在。新制度經濟學家常舉本世紀初泰國湄南河流域實施灌溉制度的例子，說明上層統治者利益造成的制度供給不足。此外，某些社會中政府對於制度創新的獨占，和對公眾制度創新的壓制，也是造成制度供給不足的一個原因。這種情況並不鮮見，譬如中國大陸六、七十年代對於農村和農民自發實行分田到戶的創新行為的壓制，便使得農業中的制度供給長期不足。

除了制度供給不足，某些學者認為制度失衡還有一種情況是制度供給過剩。這指的是相對於社會對制度的需求而言，某些制度是多餘的，或者一些過時的和無效的制度仍然空佔其位。尤其是在制度主要由政府供給的體制中，這種情況顯得比較突出。比如政府實施的某些管制制度，就屬於過剩的供給。

制度不均衡的長期存在必然導致制度變

遷。制度不均衡的消除過程，就是用新制度取代舊制度的過程，就是制度創新和制度變遷的過程。一個社會制度創新的能力如何，決定著這個社會是否能夠經常保持制度均衡，獲取最大的外在利潤。新制度經濟學認為，許多國家之所以長期處於落後狀態，與這個國家制度創新能力不足密切相關。後進經濟的現代化，不僅需要引進技術，更需要引進制度，而制度的引進（學習、模仿）可以大大彌補制度創新能力之不足。

# 第三章
# 制度創新與制度變遷

　　在整個新制度經濟學的理論體系中，制度創新與制度變遷理論居於核心地位。制度創新（institutional innovation）和制度變遷（institutional change）是兩個非常接近又不完全相同的概念。制度變遷依賴於制度創新，人們總要先創造出新制度，才有可能改變舊制度以新制度取而代之。所謂「不立不破」。但是，從某一個國家或某一社會的角度來說，有時候制度變遷並不需要創造出全新的制度，而只需把其它國家或社會業已實行的制度「借用」過來而已，制度變遷因而並不一定伴隨著制度創新。不過，相同制度在不同社會的施行也是一

項具有創造性的活動，也可以理解爲制度創
新。故此，在不太嚴格的意義上，制度創新與
制度變遷可以作爲等同的概念互換使用。

# 一、制度創新的一般理論

　　制度創新過程就是制度的產生、替代、轉
換與交易的過程。如已指出的，制度的失衡使
得外在利潤產生，爲了獲取外在利潤，人們就
會發明一些新的制度。人們發明、構造和實施
新制度的過程，就是制度創新的過程。在這一
過程中，實際制度供給的約束條件就是制度創
新的邊際成本（marginal cost）等於邊際收益
（marginal revenue）。

　　那麼，在制度創新過程中，哪些因素影響
著制度創新的成本和制度創新的收益？制度創
新的內在動力何在？新制度經濟學認爲，眞正
使人們產生創新動力的是相對價格的變化和偏
好的變化。

　　相對價格的變化包括要素價格比率的變化、訊息成本的變化、技術的變化等。相對價格的變化之所以能夠促使人們進行制度創新，乃因爲它改變了人們之間的激勵結構。

　　要素價格比率的變化在制度需求的部分已經做過說明。從我們所舉的土地與人口關係改變的例子中不難看出，要素稀少性的變化致使對稀少要素的占有能獲得更多的收益，此時，人們就會發明出該種稀少要素的所有制度。或者，當舊的要素所有制度不足以界定人們對土地的權利關係，抑或存在有一種能夠使土地擁有者獲得更大收益的潛在土地制度，在這些情況下，制度創新的動力就會產生，制度創新的過程也就開始了。

　　訊息成本的變化具有類似性質。訊息成本即人們獲取與交易有關的訊息的費用，訊息成本是交易成本中最重要的部分。訊息成本的變化使某些制度的存在成爲必要或多餘，於是，人們從訊息成本的變化中發現了獲取外在利潤的機會，制度創新的動力隨之而來。舉例來說，

購買柴米油鹽等日常用品時，我們通常可以擁
有交易的充分訊息，或者很容易（以很低的成
本）獲得交易訊息；但要將我們手中的積蓄建
立一種收益最高的投資組合，我們擁有的關於
各種投資渠道的訊息相形之下就太少了，或者
說，獲取充足訊息的成本太高了。於是有人在
訊息成本的變化中發現了建立「投資基金」這
種制度的可行性，隨之就出現了投資基金這種
制度創新的成果。

　　至於技術變化帶來制度創新的動力上一章
已有較詳細說明，此處不再囉嗦。

　　偏好的變化是制度創新的又一個重要原
因。眾所周知，偏好（preference）是經濟學中
常用的一個重要概念。偏好的改變受經濟發展
水準、國民收入、歷史文化傳統的影響，也受
相對價格和訊息成本的影響。隨著偏好的變
化，既有制度可能就不再符合人們的最大化要
求，於是就形成了對制度創新的需求。譬如，
隨著國民收入水準的提高，人們對閒暇的偏好
會提高，此時，改變原有工作時間制度、代之

以更靈活的彈性工作制就成爲必要。這是偏好
影響制度變化的一個例子。

　　應該強調的是，相對價格和偏好的變化並
不一定會引起制度創新和制度變遷。只要原有
的制度均衡還未打破，制度創新就不會發生。
而打破原有制度均衡的條件，則是存在一種可
以用低於制度創新收益的成本生產出來的制度
安排。另一方面，制度變遷從更深的層次來講，
是一個社會各種利益關係調整的過程。這一過
程是否發生，除了成本收益比較的因素外，還
受許多其它因素制約。因此，成本收益關係只
是提供了制度創新的必要條件，而不是充分條
件。

　　使問題複雜化的原因之一涉及「經濟人」
的假定。新制度經濟學繼承了始於亞當斯密的
正統經濟理論關於「人追求自身利益最大化」
的假定。但是，以諾斯爲代表的新制度經濟學
家認爲，正統經濟理論的經濟人假定過於簡單
化了。人作爲在社會中生存、隨時隨地與其它
人發生交往的個體，在其效用函數中，除了利

己的動機以外，還有諸如利他主義、意識形態和自願奉獻等目標。人的行爲是在多重目標的引導下發生的。在一個人的目標函數中，各種目標的重要性和排列順序取決於既有制度的約束、意識形態和各種非正式制度的約束。無疑地，這種關於人的行爲具有多重目標的假設更接近於現實。雖然如此，新制度經濟學仍認爲，這種情況並沒有改變人們追求「效用最大化」這一經濟學的基本判斷。人們之所以有時候採取利他主義或自願奉獻的行爲，也是因爲這種行爲符合其效用最大化的目標：這樣做符合他的意識形態，能給他帶來滿足，符合人對於「虔誠商品」（piety commodity）的追求（虔誠也是一種商品，它同樣能給人帶來滿足和效用）。因此，新制度經濟學認爲，制度主體在進行制度創新活動時，他所用於進行成本收益比較的「外在利潤」，不僅包括經濟收益，也包括非經濟的因素。一種新制度，即使存在著較大的淨外在利潤，但如果其實行與人們的非經濟目標相衝突，制度創新也不會發生。能夠實現的制

度創新必然是綜合性的收益最大化的制度創新。

　　制度創新的另一個影響因素是，某種制度創新過程可能會改善某些人的福利，但同時有損於另一些人的福利，即使福利改善者的人數和福利改善的程度大大高於受損者，但只要有人受損，交易費用過程就會遇到阻力。這裡應該引入「帕累托改進」（Pareto improvement）的概念。帕累托改進源自「帕累托最適」（Parteo optimun）概念。「帕累托最適」是經濟學中常用的一個概念。新制度經濟學引入「帕累托最適」概念用以界定「帕累托改進」和「非帕累托改進」。一種制度創新過程，如果至少使一個人的福利得到改善而沒有任何一個人的福利受到損害，那麼這一制度創新過程所帶來的就是福利的「帕累托改進」。相反地，如果有人在制度變遷中獲益，有人受損，無論受益或受損的大小，這種制度創新帶來的福利改善就是「非帕累托改進」。一項制度安排的創新，如果帶來的是「帕累托改進」，則這一制度創新過程

就容易順利實施;反之,如果是「非帕累托改進」,制度創新的困難就要大得多。這一點,我們在討論實際制度變遷過程時還會專門說明。

　　制度創新的主體可以是任何制度主體。新制度經濟學把制度主體分為個人、組織和國家三個層次,相對地制度安排也分為三個層次:由個人獨自推進然後大家仿效的制度、各種組織以自願協議形式建立的制度、政府強制推行的制度。不同層次的制度安排,其制度創新過程的特點亦不相同。由個人創新的制度,沒有組織成本和強制執行的成本,但收益增長的可能性是有限的,制度創新缺乏規模效益。由團體和組織創新的制度,必然要支付創新的組織成本。組織創新的特點是自願和一致同意,因此,隨著組織人數的增加和規模的擴大,達成一致的成本隨之提高,過大的組織成本常常使創新成為不可能。由國家創新的制度安排,由於以國家的強制力為依靠,因而不需要一致同意,組織成本較小。但是由國家進行的制度創新,任何人無論贊成與否都必須執行,這必定

帶有較大的「強制成本」。「非帕累托改進」的
制度創新，只有在國家的強制下才有可能進
行。

　　由於國家的特殊地位，具有較大強制成本
的制度創新同樣可以進行。這種情況進一步發
展，就有可能形成國家為自身利益而強制進行
某種制度創新的情況。國家利益與社會利益並
不一定相同，因此國家可能為自身利益強制實
行某種制度，雖然這種制度並不符合社會利
益。這就導致了國家的異化。這是以國家為主
體的制度創造所特有的問題，我們留待國家理
論的章節再來詳細討論。

　　制度創新的過程就是尋找一種可以獲得外
在利潤同時成本又最小的制度安排的過程。與
一個社會固有習慣和傳統所示方向相一致的制
度創新方向，通常是成本最小的方向。這可以
由意識形態等非正式約束節約交易成本的作用
得到解釋。它還表明，制度創新應該從現有制
度與習慣差異最大的地方開始。

　　制度創新過程是一個「滯後供給」的過程。

即在外部利潤出現與使外部利潤內部化的制度
創新之間存在著一個「時滯」，制度創新滯後於
外部利潤的出現。產生制度創新滯後的原因，
前文已經涉及到。歸納起來主要源於下述幾個
方面：(1)認知和組織的時滯。從認識到外部利
潤存在到相應的制度創新主體開始創新工作的
過程。(2)發明的時滯。「發明」一種制度安排（如
股份公司制度）是需要時間的。特別是，制度
發明沒有專利，其風險大於技術發明。(3)方案
選擇的時滯。從能夠獲得外在利潤的各種潛在
制度安排中選擇一種符合最大化原則的方案要
花費時間，當可供選擇的方案越多或涉及的利
益團體越多，需要的時間越長。(4)啟動時滯。
從選中最佳制度安排到這一制度安排付諸實施
並開始獲得收益的時間。

## 二、制度變遷與「路徑依賴」

在制度變遷理論中，路徑依賴（path

dependence) 是一個非常重要的概念。這一概念是由諾斯根據技術變遷過程中的「軌跡依賴」概念引申和發展而來的。爲了弄清制度變遷的路徑依賴，我們先介紹一下技術演進與軌跡依賴的思想。

1.技術演進中的軌跡依賴。技術演進過程中的自我增強和軌跡依賴現象是由W. B. 阿瑟 (W. B. Arthur) 於1988年最先提出的。他指出，新技術的採用往往具有收益遞增的性質。由於某種原因而首先發展起來的技術通常可以憑藉「先入爲主」的優勢地位、憑藉規模巨大造成的單位成本降低、普遍流行導致的學習效應以及許多人採用同樣技術而產生的協調效應、越是流行就越使人相信它會進一步流行的預期等等，導致現實自我增強的良性循環，從而在競爭中戰勝對手。相反地，一種更好的技術卻可能由於晚入一步，未能獲得足夠的追隨者而陷入惡性循環。

總之，某些偶然事件和情況常常會把技術發展引入特定的路徑，一旦進入某種特定發展

路徑，就會沿著這條路徑走下去，從而產生與
別的路徑完全不同的結果。

　　2.制度變遷的軌跡與路徑依賴。與技術變
遷相同，在制度變遷中同樣存在著報酬遞增和
自我強化的機制。這種機制使制度變遷一旦走
上某一條路徑，該方向就會在以後的發展中得
到自我強化。如同諾斯所說，「人們過去做出的
選擇決定了他們現在可能的選擇」。沿著既定
的路徑，經濟或政治制度的變遷可能進入良性
循環軌道，迅速優化，也可能順著原來的錯誤
路徑往下滑。路徑依賴的機制甚至可能使制度
被「鎖定」(lock-in) 在某種無效率的狀態。一
旦進入鎖定狀態，要想擺脫這種狀態就十分困
難，往往要依靠外部力量或外生變數的作用。

　　制度變遷的路徑依賴來源於制度發展的自
我強化機制；制度發展的自我強化機制又來源
於制度變遷過程中的規模效應（制度變遷的初
始成本會隨著制度實施規模的擴大而下降）、
學習效應（制度創造收益的能力會引導人們互
相效仿和學習，加速該制度的發展和擴散）、協

調效應（制度主體為適應既定制度而採取的相互配合的行動會產生合作利益，與既定制度相適應的非正式約束與正式制度的作用起到補充和協調作用）、以及適應性預期（隨著制度及與之相應的契約的建立，人們對這一制度將實施下去的預期會增強）。

　　制度變遷的路徑依賴並不是什麼深奧概念，它很類似於物理學中的「慣性」。一個國家，一旦選擇了某種制度，無論這種制度是好是壞，就會沿著這一制度走下去，產生對該制度的路徑依賴。除非有重要的外生變量影響或有突發性重大事件，一個社會要脫離它已經選擇好的既定制度是不容易的。路徑依賴的深層因素實際上是利益因素：一種制度形成以後總會產生一批該制度下的既得利益者和既得利益集團，這一集團會反對策畫偏離該制度的變遷，它們對現有制度有著強烈的需求。這樣一來，制度變遷很容易變為對現有制度的修修補補。因此，一個社會如果要順利進行制度變遷，必須要考慮到路徑依賴的問題。

　　路徑依賴概念有助於解釋現實中，為什麼很多國家或地區會一直實行某種既有的制度，雖然世界上存在著多種可供選擇的制度類型，有些制度明顯優於現有制度，但根本性制度變遷卻很難發生。路徑依賴導致一些後發展國家走入過時制度與落後經濟互相倚仗的惡性循環。按照諾斯的說法，「由於缺少進入有法律約束和其它制度化社會的機會，造成了現今發展中國家的經濟長期停滯不前。」

# 三、誘致性制度變遷與強制性制度變遷：兩種制度變遷模型的比較

　　制度變遷是制度主體依據外在利潤與制度創新成本之比較，而進行的用新制度代替舊制度的過程。不過，由於制度主體的層次不同，有個人、組織和國家（政府），加上各層次制度主體的效用函數不同、主觀偏好不同，其行為特點亦不相同。因此，以不同制度主體為核心而進行的制度變遷的特點也就不同。這種不同

把制度變遷區分爲各種類型。理論上一般側重
於分析兩極的情況：誘致性制度變遷和強制性
制度變遷。但是，應該提到的是，強制性或誘
致性制度變遷只是制度變遷的較爲理論化的兩
極形態，現實世界中所發生的實際制度變遷，
總是強制性變遷與誘致性變遷的某種折衷形
式，在誘致性制度變遷與強制性制度變遷之間
有著豐富的具體形態。當然，無論如何，了解
兩極的特點是理解也是分析實際制度變遷的基
礎。

## 誘致性制度變遷

　　誘致性制度變遷（induced institutional
change）指的是現行制度安排的變更或提倡，
或者新制度安排的創造，是由一個人或一群人
爲響應獲利機會而自發倡導、組織和施行的。
誘致性制度變遷必須由在原有制度安排下無法
獲得的獲利機會所引起，由「利益」所「誘致」。
　　誘致性制度變遷體現了從制度非均衡到制
度均衡變化的典型過程。一旦在原有制度安排

下出現了不能獲取的外在利潤，現有制度中的某些個人或集團就會考慮進行制度變遷。它們之所以有進行制度變遷的動力，完全是因爲出現了有可能透過制度變遷獲得的外在利潤。此時，它們就會開始比較外在利潤和進行制度變遷之預期成本的大小。如果收益明顯大於成本，它們就有把制度變遷付諸實施的動力。

　　不過，這只是一種簡單的說法。認眞分析誘致性制度變遷的過程，我們會發現，有一個重要因素阻礙著制度變遷的發生，這就是「免費搭車」現象。由於制度創新不可能獲得專利，由於普遍存在著搭便車現象，制度變遷的始作俑者所獲得的淨收益可能比不上搭車者，這使得靠自發的利潤誘致所導致的制度創新常常供應不足。此時，「政治企業家」或「制度企業家」對於誘致性制度變遷的發生就起著至關重要的作用。制度企業家指的是這樣一種人，他受到普遍的信任，他能夠猜出誰在討價還價中弄虛作假，或者他能夠用簡單的辦法節省討價還價的時間，在某些情況下還能夠制定出一種制度

安排。對所有有關者來說，制度企業家的出現
比沒有任何制度企業家出來領導和組織時可能
造成的結果更好。所以，就有組織的制度創新
來說，能否敏感地意識到外在利潤的出現，能
否抓住有時是轉瞬即逝的獲利機會，制度企業
家常常掌控著關鍵作用。制度企業家的效用函
數中除了物質收益外，非物質的收益（諸如社
會威望、政治支持等）也是重要的。制度企業
家往往能夠在集體內對潛在利潤作出恰當的區
分，使每一個人的境況更好，並使成員們確信
這種分割與他們的意識形態是一致的。

　　制度企業家的存在使誘致性制度變遷的成
本（討價還價以達到一致同意的成本）大大節
約。不過，制度企業家的這種作用並不會改變
誘致性制度變遷的特點：自發性和一致同意原
則。人們在經濟活動或日常交易中，一旦發現
了現有制度安排的不足，發現了外在利潤的存
在，就會自發地嘗試進行制度變遷，用新的制
度安排代替現有制度安排，以獲得外在利潤。
顯然，這種自發性制度創新活動能否實現，既

取決於人們對制度不均衡的敏感程度（這又受
社會科學知識的積累等因素影響）和組織內的
協調成本，也取決於整個制度環境為下層組織
提供的進行制度創新活動的寬鬆程度和制度選
擇空間大小。

　　誘致性制度變遷的另一個特點是其盈利
性。只有當制度變遷的預期收益大於預期成本
時，有關組織才會去推動制度變遷。而且，對
於組織而言，盈利性主要體現為物質利益，這
一點與強制性制度變遷不同。

　　誘致性制度變遷的第三個特點是邊際性。
也就是說，誘致性制度變遷通常總是從某一制
度安排的「邊際」──即不均衡最嚴重、獲利
可能性最大、最易於推行和展開、成本和阻力
最小的那一點──開始，而且制度變遷的進
程，也只是推進到邊際成本與邊際收益相等那
一點為止。與此相連，誘致性制度變遷總是漸
進的，它是一個自下而上、從局部到整體的緩
慢推進的過程。當制度不均衡出現時，人們通
常是從某一項制度安排開始進行改變，逐漸擴

展到與其有關的其它制度安排。僅就個別制度
安排作出改變並不會使整個制度結構的特點立
即發生變化，只有當一個一個漸次對舊制度的
各個環節做出改變並達到某一臨界點後，整個
制度結構的特點才會發生變化。所以，誘致性
制度變遷的漸進過程類似於制度的進化過程。

　　誘致性制度變遷同樣既會涉及正式制度，
也會涉及非正式制度。非正式制度的誘致性變
遷與正式制度有很大不同。因為非正式制度諸
如道德、倫理、習慣等並不是由正式的法律或
規定強制執行的，也沒有人來監督其執行。因
此，非正式制度的變遷過程不包含群體行動，
它總是由某些個人從獲利的動因出發，首先破
壞已有的規則，當其得自這種「破壞」的收益
大於他所受到的來自社會輿論和自責心理的壓
力所造成的損失時，對非正式制度的改變就會
發生。慢慢地會有其它人效仿和學習前者的行
為，非正式制度的改變得以擴大。當社會上按
照新規範行事的人達到某一臨界點時，整個社
會的非正式約束就會發生變化。

　　不過，非正式約束的變遷由於創新者常常
要承受很大的社會輿論和道德壓力（家族、鄰
居、社會的指責和閒話、社會的排斥、道德和
良心的譴責），甚至會受到人身的暴力行為，因
此，非正式制度的變遷比正式制度的變遷更為
困難。當然，非正式制度也並非不可改變，其
發生與否關鍵仍是成本與收益的比較。同時，
非正式制度的變遷也和社會結構、正式制度環
境有關，它取決於社會集團的互動關係和相互
作用。一個流動性大的社會比一個流動性很小
的社會，更不容易發生非正式制度的變化；一
個意識形態約束較小的群體（如青年人的群體）
比一個意識形態和道德約束較深的群體（如年
長者的群體），更容易發生和接受非正式約束
的變遷。

## 強制性制度變遷

　　強制性制度變遷（imposed institutional
change）指的是由政府行政命令或法律強行推
進和實施的制度變遷。強制性制度變遷之所以

需要，乃因爲如果完全由誘致性變遷來提供制
度供給，制度供給肯定不足。制度作爲一種公
共產品其生產如果完全交由私人進行，就會發
生嚴重的制度失衡，整個經濟會蒙受巨大損
失，社會將處於一種無章可循的混亂狀態，公
衆福利也會受到侵害。

　　強制性制度變遷的主體是國家。國家在進
行制度變遷過程中具有一些私人所不具有的優
勢。一方面國家憑藉其強制性政權力量，可以
強制實施某種制度，進行制度創新和變遷。國
家所進行的制度變遷活動不需要一致同意，社
會成員無論同意與否都必須執行政府制定的制
度。這樣一來，強制性制度變遷就不需要付出
龐大的組織和協調成本，效率因而高得多。另
一方面，強制性制度變遷是在一個政權所轄範
圍內統一進行的，由於規模巨大，可以收到規
模經濟的好處。不過，雖然省卻了一致同意的
成本，卻增加了強制執行的成本。個人或組織
由於並不同意或認可某種制度變遷的方向，雖
然無力阻止，卻可以消極抵抗，我行我素，甚

至「上有政策，下有對策」，強制性制度變遷的效果因此而大打折扣。

　　雖然以國家為中心進行的強制性制度變遷不像誘致性變遷那樣完全由利潤所誘致，但強制性制度變遷同樣不可能違反經濟原則。國家本身也是一種制度安排，也有其自身利益。統治者無論是國王、總統還是主席、總理，也有其個體利益。因此，強制性制度變遷也是根據成本收益原則進行的。制度變遷的預期收益超過預期成本，統治者才會推進這種變遷過程，反之則會中止或取消制度變遷的過程。

　　不過，國家作為一種獨佔性組織（壟斷性制度安排），它對於成本與收益的理解不同於個人或競爭性組織。如果說競爭性組織的效用函數主要由經濟因素構成的話，那麼，國家的效用函數則複雜得多。進入國家的效用函數的，除了經濟因素外，還有非經濟因素，其排列順序也十分複雜。一種制度變遷過程，即使能夠增加國民收入，增加經濟的總產出，但如果它會削弱國家政權的權威或危及到其統治，

那麼國家也斷然不會進行這樣的制度變遷，寧可維持一種無效的制度安排。前面提到的泰國推行灌溉制度的例子就證明了這一點：這種能夠加快農業發展的制度之所以長期不能實施，主要原因在於統治者認為從這一變遷中得不到什麼好處。

那麼，政府推進的強制性制度變遷，除了通常所理解的促進整個社會經濟發展和增加總產出之外，還有哪些動因呢？制度經濟學家認為，以稅收衡量的淨收益、政府的政治支持、政權的穩定，以及政黨利益，都是政府目標函數的重要變素。政府會根據其偏好順序將這些因素進行排序，作為政府推進強制性制度變遷的效用函數。政府所進行的制度變遷必然是在這樣的效用函數下，收益大於成本的制度變遷。

這樣就產生了一個問題：政府的目標是否等同於社會的目標？依據政府的效用函數所建立的制度是否就是符合社會需要的制度？或者說，政府的強制性制度變遷能提供有效的制度

供給嗎？對此，簡單否定或肯定都不符合現實。我們留待下一章會專門討論這一問題。

　　政府的特有效用函數問題是使強制性制度變遷有效性受損的一個重要原因。實際上，影響強制性制度變遷有效性的還不止這一方面。歸納起來，強制性制度變遷的局限性受到如下因素的影響：

　　1.統治者的偏好和有限理性。統治者的偏好如果與社會偏好一致（都致力於財富最大化），則政府所強制建立的制度有可能成為有效制度。但是，沒有證據表明統治者會完全把社會利益作為自身利益。財富最大化只是其目標之一，它還更關心政權的穩固、政府的政治支持、國際威望等等，隨著財富數量的增加它越來越關心自己的威望。不僅如此，即使統治者真的關心財富最大化，由於其有限理性、認識和了解制度不均衡以及設計建立有效制度安排的複雜性，強制性制度變遷也不可能是及時、有效的。

　　2.意識形態剛性。統治者總是培育和發展

一套與正式制度相適應的意識形態，以增強社
會對於該制度之正義、合理的共識，節約實施
統治的交易成本。但是，正式制度變遷必然引
起新的正式制度與舊有意識形態的背離和衝
突，這時，如果推進制度變遷就會帶來社會從
正統意識形態角度的負面評價，從而損害統治
者的威望和合法性，制度變遷因而常常受阻。
意識形態剛性加劇了有效制度變遷的不足。

　　3.官僚政治和集團利益衝突。統治者不是
一個單個個體，而是由一系列官僚機構和等級
組織構成的。每一個官僚組織都是一個理性個
體，它的利益與最高統治者的利益從來都不是
完全吻合的。這樣的情形下，由統治者設計和
建立的制度，常常由於各級官僚機構執行和操
作中的折扣與陽奉陰違而走樣，成為有利於各
級官僚機構利益最大化的制度。另一種情況
是，由於不同社會集團利益的差別，強制性制
度變遷總是朝著有利於統治者所依靠的社會集
團或其它強勢社會集團的方向發展，雖然這樣
的發展方向可能不一定就是社會利益最大化的

方向，或最有利於經濟發展的方向。

4.社會科學知識的局限性。如同對個人一樣，社會科學知識也是政府設計和建立新制度的重要基礎。有時候，即使政府希望建立新制度，以使國家從制度非均衡中走出，但由於社會科學方面的知識不足，政府也不能及時進行有效的制度變遷。

5.誘致性制度變遷和強制性制度變遷是制度變遷的兩種理論模型。雖然現實中的制度變遷總是強制性與誘致性的結合，但一次制度變遷過程也總是偏向於某一種類型。兩種制度變遷既是對立的，又是互相補充的。對立的意思是，兩種制度變遷模式制度在變遷主體、各自所具有的優勢和局限上都不同，也不可互相替代。兩種制度變遷方式各有其適用的領域和方向，某些制度只能透過政府的強制性行為來改變（如法律），另一些制度則適合於個人或小團體的行動。兩種制度變遷又是互相補充的：當下層組織的盈利性行為滿足不了社會對制度的需求時，就需要由國家藉由強制性行動來補充

不足；國家的強制性制度變遷並不是憑空產生的，通常總是先有某些個體和組織的自發性創新行為，然後這種行為得到政府的認可並推廣，強制執行。中國大陸 70 年代末農業制度的變遷，便典型地表明了這種情況。

# 第四章　制度與國家

　　在討論強制性制度變遷時，已經涉及到了國家問題。由於新制度經濟學的研究對象是制度，而國家又是制度的最重要供給者，據此，對制度的深入分析無論如何也離不開對國家問題的討論。諾斯指出，「理解制度結構的兩個主要基石是國家理論和產權理論」，這兩點恰恰就是對國家進行制度分析的核心內容。

## 一、國家是什麼——對國家的制度主義解釋

　　國家是什麼？這並不是一個新問題，卻是

任何國家理論的邏輯起點。歷史上，有兩種重要且影響深遠的國家理論。一種是契約論的觀點。它認為國家是公民經過平等談判和多次博弈，而達成的一種社會契約的組織，國家是為公民服務的。之所以有必要達成這種契約，乃因為這一社會契約為公民提供的服務及保護其它個別契約的效率較高，如果沒有國家這一社會契約，整個社會的交易會因費用過高而無法進行。關於國家的另一種觀點是暴力工具論或剝削理論。該理論認為，國家是隨著階級的起源而產生的，它是一個階級統治另一個階級的工具，是階級壓迫階級的暴力機器。國家將建立一套對統治階級有利的制度，以實現統治階級的利益最大化。

應該說，上述兩種國家理論都可以在人類歷史上找到佐證和依據，但這兩種理論都未能涵蓋歷史和現實中的所有國家形式，因而都不具有一般性、普遍性。以諾斯為代表的新制度經濟學家把兩種國家理論有機地結合起來，提出了制度主義的國家理論。按照制度主義的解

釋，國家同時具有暴力性（掠奪性）和契約性
兩種性質，這兩種性質的表現取決於國家「暴
力潛能」的配置狀況。國家的暴力獨佔性決定
它有一種「暴力潛能」（Violence potential）。
如果這種暴力潛能是在公民之間平等分配的，
國家就是一種契約性組織；如果暴力潛能的分
配不平等，便會產生掠奪性（剝削性）國家，
出現統治者和被統治者，剝削者和被剝削者。

　　把上述兩面性歸納起來就是制度主義的國
家定義：國家是在某個特定地區內，對合法使
用強制性手段具有壟斷權（獨占權）的制度安
排，它的主要功能是提供法律和秩序。

　　關於國家的上述定義雖然簡短，卻道出了
一些不同於以往國家理論的新穎思想。

　　首先，把國家視爲一種組織或制度安排。
按照諾斯的說法，「國家可視爲一種在暴力方
面具有比較優勢的組織」。既然國家可以被視
爲一種組織或制度安排，那麼，用於分析市場、
企業等其它組織或制度安排的理論就可以用來
分析國家行爲。作爲一種組織，國家和其它組

織一樣按照效用最大化原則活動，它有自己的
效用函數和成本函數，具有理性，同時理性也
是有限的。

　　其次，把國家作為一種經濟組織來分析。
以往之國家理論側重於從政治學、社會學、人
類學等角度分析國家，但要深入理解國家行
為，必須藉助於經濟學。既然國家是一個組織，
它在進行決策時也會遵循經濟原則，國家在推
行制度創新等活動時，其決策的依據也是經濟
學的邊際原則。

　　第三、國家與公民的關係是一種交換關
係。國家為取得收入而以一組被稱為「保護」、
「秩序」與「公正」的服務作為交換。由於提
供這些服務存在著規模經濟，因而作為一個專
門提供這種服務的組織，它的總收益要高於每
一個社會個體自己保護自己的收益。換言之，
國家為公民提供「保護」與「公正」，公民交納
稅收維持國家正常運轉，在某種意義上，這是
一種交換關係。

　　新制度主義的國家概念還可以從國家起源

上加以說明。國家是一種在暴力方面具有比較優勢的組織。暴力實際上也是一種資源。在國家產生之前，這種資源分佈在一個個「社區」或「莊園」之類的組織手裡，它們自己分別建立各種暴力機器，以保護本社區的「產權」（本社區的財產和各種權利）。它們透過分別建立暴力機器的方式，雖然能夠達到保護產權的目的，但這種暴力資源分散配置的狀況肯定是低效率的，這意味著，產權的保護成本是相當高的。此時，如果各個莊園之間能夠達成契約，把它們的暴力資源統一組織起來對所有莊園的產權進行保護，而由各個莊園分別向這一暴力機構支付一定的費用，各個社區保護產權的成本便會大大降低。於是就產生了專門擁有和行使暴力職能的組織——國家，各個社區交納的費用成為稅收。由此可見，國家的實質就是這樣一個受各社區委託行使暴力職能的組織，之所以委託它是因為它比各個社區的組織具有相對優勢（效率更高，成本更低）。此時，國家更像契約論者眼中的社會契約的載體。不過，國

家產生後它便慢慢異化爲一個異己的組織，具
有了不同於委託人利益的自身利益，並按照自
身利益來建立產權制度，使國家成爲既具有平
等契約性質，又具有掠奪性質的組織。

# 二、我們為什麼需要國家

　　對國家的制度主義解釋已經涉及到國家的
功能，也涉及到國家之不可或缺性。下面我們
將更詳細地分析國家的功能：國家能做什麼？
國家在維護有效產權方面發揮作用的機制如
何？是否有別的形式可以代替國家形式？國家
行使職能的代價何在？鑒於對國家作用的分析
很大程度上集中於國家維護產權的功能方面，
在分析國家作用之前，先要介紹一下與國家理
論密切相關、並且也是新制度經濟學重要組成
部分的「產權理論」的基本概念。

## 產權的概念與起源

我們已經多次提到過產權這一概念，但一直沒有對這一概念的準確定義作過說明。產權即「財產權利」（property rights），通俗地說，它是指人對某一物品的占有、支配、使用的權利和獲得這一物品所帶來的收益的權利。我們說我們對某一物品擁有產權，就意味著我們可以任意支配、使用和處置該物品，對由這一物品帶來的收入擁有所有權。

初看起來，產權是一種人與物的關係，不過，對產權的較為晚近的研究表明，產權不是指人與物之間的關係，而是指由物的存在及其使用所引起的人與人之間相互認可的行為關係。產權確定了每個人相對於物時的行為規範，每個人都必須遵守自己與別人相對於某一物品的關係，破壞這種關係就要承擔相對的成本。譬如說，甲擁有某棟房屋的產權就意味著排斥乙或其它人對這棟房子的權利，甲對房子的產權實際上體現的是他與其它人之間的權利

認可與排斥關係。某個人如果不認可這種關係
以致破壞了甲的權利，甲就可以用強制力來維
護自己的權利。產權具有意義需要兩個條件，
一是對於稀少財貨才有所謂產權，無限供給的
財貨（陽光、空氣）無所謂產權。二是只有在
人們彼此之間發生關係時，產權才有意義，荒
島上的魯賓遜不需要建立產權。所以，產權是
一系列用來確定每個人相對於稀少資源的地位
的經濟和社會關係。

　　產權所體現的不是單一的權利關係，而是
一束權利（權利束）。這一束權利具有排他性、
可分割性和可讓渡性，其完整程度常常決定財
貨的交換價值。舉例來說，一棟房子的價值如
果僅僅包括房屋本身的使用，其價值就小一
些；如果還包括了排斥這所房子周圍的煤氣
站、化工廠的權利，其價值就較大。

　　產權對於交易的實施具有決定性意義，明
確的產權可以大大降低交易成本，提高資源配
置的效率。僅從產權本身來講，為什麼必須有
產權？什麼情況下會出現產權制度？產權制度

如何形成？下面的例子有助於進一步理解產權
的起源與功能。

　　假如某一塊土地屬於村社公有。村社共同
體的某一成員有一天突然在這塊地上放牧了比
別的成員多一倍的乳牛。他帶給共同體每個成
員所造成的損失微乎其微（假如村社裡有 100 戶
人家，每一戶所受的損失為1/99），然而他從中
獲得的利益卻非常大（營業額增加一倍）。人們
本來可以召集一次全體會議，告知違規者不該
在牧場上放牧比別人多一倍的乳牛。但是，由
於每戶受到的損失實在太小（1/99），而召集這
樣的會議成本太高（會議最少要開兩個小時，
如果每個人都發言談談自己的看法可能要開
100 個小時，會議還要有人出面組織、召集，有
些人可能還不願意到會）。但如果不去制止違
規，那麼別的人家也會起而效尤，放牧更多的
乳牛，這必然導致惡性競爭和混亂。為了避免
所有這些麻煩，最好是把權利及私有的形式分
給每個家庭（每家分得百分之一的土地建立私
有企業），並容許希望多養乳牛的人與別人談

判，購買別人土地的產權。

　　上述例子表明，產權是人們對於稀少資源
的互動關係達到某種均衡狀態時的行為規範。
沒有這種規範，對稀少資源的競爭性使用就會
導致資源過度使用或低效使用。那麼，什麼時
候這一規範（即產權）才會產生呢？如果按照
上例，只有一個人違規時（亦即每戶人家所受
到的損失很小時），不會產生這種規範，因為費
時費力建立起來的規範為大家帶來的好處微乎
其微。只有當違規放牧者越來越多，每戶人家
受到的損失越來越大，以至於他們覺得建立這
一規範更合算的時候，這一規範才會產生。按
照著名新制度經濟學家張五常和巴塞爾（Y.
Barzel）的論證，經濟學意義上的產權，只有
當界定權利的費用與權利帶來的好處在邊際上
達到相對時才有定義，也就是說，只有當界定
產權的收益大於產權界定的成本時，人們才有
動力去制定規則和界定產權。

　　從人類歷史發展來看，產權制度的產生、
演變和發展大致經歷了三個階段。先是建立排

他性的產權制度，明確權利關係，防止非法侵
害；此後是建立可轉讓的產權制度，產權的轉
讓是與社會分工和市場經濟制度的發展連在一
起的；最後是與各種組織形式創新連在一起的
產權制度，如股份公司制度等等。

## 國家的制度作用

前已指出，國家的主要功能是供給制度；
沒有國家，制度不均衡的現象將無法消除。但
是，並非在任何制度的供給上國家都具有優
勢。非正式制度的建立是一個緩慢累積的過
程，受國家影響較小；某些正式制度，也只能
由與其相關的組織和個人來供給，另一些制度
即使可以由國家供給但效率不高。國家的制度
作用，在經濟方面，特別體現在產權制度的供
給上，在產權這一最基本的經濟制度上，國家
具有明顯優勢。離開國家，不可能形成和維持
一種有效的產權制度；而沒有一種有效的產權
制度，整個經濟制度亦無從談起。

產權的定義和起源表明產權首先是一種排

他性的權利。但是，產權的建立和維護都是有成本的，在經濟人的競爭中常常會出現破壞現有產權的企圖。從規模經濟原則可知，如果讓每一個產權主體去維護自身的權利，效率肯定不高。任何其它的集團和組織也都有同樣問題。因此，建立和維護產權的最有效方式和形式，就是國家。國家憑藉其暴力潛能和權威，可以以比個人或組織低得多的成本建立和維護產權，沒有國家權威，很難想像所有權會普遍實現。同樣地，只有在國家嚴格確立和維護產權的前提下，個人和組織才願意拿出收入的一部分交給國家（納稅）。從這個意義上說，司法服務和對財產所有權的保護是由政府生產、由公眾出資購買的公共產品。

　　國家的存在不僅透過暴力潛能保證了有效產權制度的確立，而且藉由建立統一的度量衡制度和統一的交易機構，保障產權的界定和交易可以以比私人供給這些制度情況下更低的成本得以實現。產權的界定和確立不僅需要暴力保護，而且需要統一的尺度對財產進行測量、

分割等等，一種測量或分割費用很高的財產最終可能無法形成私有產權，而只能保持公共產權形態。這就需要統一的度量衡制度。度量衡制度適用的範圍越大，潛在的市場規模越大，交易機會也就越多。而能夠有效提供統一度量衡制度的就是國家。此外，由國家做為不同於交易雙方的第三方當事人所建立的各種法律法規及保障其執行的機構，對於降低交易成本也有著重要作用。

國家在產權形成中的作用，與國家權力介入產權安排的方式和程度有關。現實世界中，有的政府只為產權安排和產權變革提供「遊戲規則」；有的政府不僅提供遊戲規則，而且還參與甚至干涉產權安排與產權變革。一般來說，國家在建立和維護產權方面的介入程度有三種可能的情況：(1)產權安排完全是私人之間的合約，國家權力的介入僅僅在於承認這種合約的合法性與有效性，保護依據這種合約進行的產權交易。(2)產權的變更和取得不是透過個人之間的交易，而是藉由國家權力強制作出的安

排，這樣形成的產權就是對另外一種產權進行剝奪的結果。譬如，隨著政權更迭，將舊政權下的私有產權剝奪而成為國有產權、或把國有產權變為私有產權（私有化）等等。(3)國家的作用居於兩者之中，國家不強制剝奪產權但干預產權的交易，如限制產權交易的範圍、價格直至國家出面強買或強賣。一般說來，國家介入產權安排程度的深淺，與產權的有效性並無直接關係。但是，經濟學原理表明，由國家強制作出的產權安排必定是無效率的，因為它違反了權利的本性，違反了交易的一致同意原則，必然帶來福利的損失。

　　無論如何，儘管國家介入產權安排有時候會超過限度，但總體上，離開國家，現代意義上的產權制度就無法建立，也無法維持，這亦是國家的制度作用所在。然而，如已確知的，國家的介入有時會超過限度，這意味著它所建立和維持的產權安排可能並非有效安排。問題還遠不止如此，有時候，國家會「有意」地建立無效產權制度，損害社會利益。之所以會發

生這種情況，原因在於國家的兩難。

# 三、「諾斯悖論」與國家的兩難

國家的兩難要從「諾斯悖論」（North's Paradox，也叫諾斯兩難）說起。所謂諾斯悖論指的是這樣一種情況：國家提供的基本服務是遊戲規則，主要是界定產權制度的基本規則。沒有國家權力及其代理人的介入，財產權利就無法得到有效保護和實施。因此，國家權力構成有效產權安排和經濟發展的一個必要條件，沒有國家就沒有產權。另一方面，國家權力的介入常常侵害個人的財產權利，危及有效產權安排，國家還常常出於私利而建立和維持無效的產權安排，從而造成所有權殘缺，導致無效產權和經濟的衰落。用諾斯本人的話說，就是「沒有國家辦不成事，有了國家又有很多麻煩」，這就是國家的兩難。

諾斯所發現的國家兩難，實際上是對歷史

和現實的一種認識。無論從縱向看還是從橫向
看，國家兩難現象比比皆是，司空見慣。從縱
向說，在同一個國家裡，國家政權在不同時期
所建立和維護的產權制度，可能很不相同。國
家過去可能是經濟發展的障礙，現在則成為經
濟發展的動力。從橫向上說，在同一時間，世
界上的不同國家政權所建立和維護的產權制
度，對經濟發展的影響也可能完全不同。

　　為什麼會出現國家的兩難狀況？不同國家
的矛盾作用受哪些因素影響？新制度經濟學家
認為，主要原因在於國家目標的衝突和統治者
的雙重約束。

　　國家是一個既具有契約性質又具有暴力潛
能的制度安排。國家做為社會的受託者，其目
標本應就是委託人的目標，除了受託建立和維
護一套有效產權制度以促進經濟發展、實現社
會利益最大化之外，國家沒有其它目標。但是，
國家是由一群個人構成的一種組織，分析理性
經濟人的理論同樣適用於國家組織和其構成個
體。於是，國家一旦產生，成為具有壟斷性的

暴力組織，它就會發生異化，成爲有異於其本來角色的雙重角色。一方面它會執行其代理人的功能，建立和維護有效產權制度，增進社會福利；另一方面，它也會發展出某種行爲，這種行爲能夠爲國家機器（國家政權以及構成政權的等級組織）及其個人的利益最大化服務。我們把國家增進社會福利的目標稱爲「產出最大化」目標，把國家追求自身私利的目標稱爲「租金最大化」目標（這是按照新制度經濟學的「尋租理論」〔rent-seeking〕提出的術語，國家作爲專門提供某種服務的組織，本來就以稅收的形式，從社會成員那裡獲得租金）。

產出最大化和租金最大化，構成統治者的雙重目標或雙重約束。這兩種目標是存在著衝突的。產出最大化目標要求國家按照社會成員的意願建立有效產權安排，以獲得最大產出和最大社會福利。但是，租金最大化目標與產出最大化並不完全吻合。雖然產出的增長也是統治者目標的一部分，但除了產出增長外，統治者還關心政權的穩固、政治權威、國際威望等

目標。隨著財富的增進，產出增加爲統治者帶
來的效用越來越小，而其它目標的效用不斷增
加，統治者就越來越偏向於後者，它所要建立
和維護的產權安排，就越來越偏向於能夠增強
其統治和國際威望、壓制潛在競爭對手的產權
安排。統治者會在產出最大化與租金最大化兩
個目標之間求得某種平衡。

　　產出最大化和租金最大化雙重約束，使國
家不可能建立一種從社會利益來說最爲有效的
產權安排。除雙重約束之外，不同集團利益的
衝突也會妨礙國家建立有效產權。國家在某種
程度上是一個不同利益集團的集合體，統治者
就是不同集團利益的協調者。國家政權總要依
靠某些社會集團的支持才能維持統治，不同意
產權制度及其產權安排或產權制度變遷中受到
損失，它們就會反對這種產權變遷，以致反對
作出這種變遷的政府。同樣地，一個強有力的
集團也可能全力支持有利於本集團的產權制度
變遷，儘管這種變遷將損害經濟發展。可見包
括產權制度在內的各種制度安排，並不完全取

決於效率原則，同時還取決於不同利益集團的規模、地位及其與統治者的關係。

除了上述兩方面，統治者的有限理性、統治者的壽命的有限性、由於意識形態剛性以及政府干預和管制造成的所有權殘缺（構成所有權權利束的某些權利缺失，使之成為不完整的所有權，主要表現為所有權的「排他性」和「可讓渡性」兩項權利的殘缺）等等，所造成的統治者對某種產權形式的偏愛和歧視，都會影響統治者建立和維持一種有效的產權安排。譬如說，如果最高統治者是一個年老多病的人，他的預期統治時間不會很長，那麼，他就很難贊同和支持某種產權變遷，儘管這種變遷會使產權更有效率。

正是上述諸方面因素的共同影響，人類歷史上和現實中無效或低效產權成為一種「常態」，而這種無效或低效產權的存在又多少都與國家有關。問題是如何走出國家的兩難，發揮其積極作用，限制消極作用。新制度經濟學家建議，首先要準確地界定國家在產權方面的

基本職能，即爲產權的運行提供公正、安全的
制度環境，爲產權的運作提供規範而不應過多
地成爲產權主體。其次，必須利用法律和憲法
來制約和遏制利益集團對產權的干擾，包括建
立有約束機制的政治體制、透過憲法秩序保證
產權規則的長期穩定性，使之超越政府的更迭
和領導人的變更、以及建立完善的法律制度等
等。

# 第五章
# 制度與經濟發展：經濟
# 發展的制度主義觀點

　　任何科學理論的產生，都是為了說明和解釋客觀世界；經濟學做為一門「入世」的致用之學，如果離開了對經濟現象和經濟現實的解釋，其存在的意義就要受到懷疑。新制度經濟學家當然懂得個中道理。事實上，新制度經濟學的產生，正是基於這樣一個現實：正統經濟學越來越脫離現實制度過程，而成為思辨的遊戲和數學的推演。因此，在新制度經濟學的理論體系中，除了從純理論角度建立的有關制度的一些理論之外，還包括兩個更為接近現實的部分：一是制度與經濟發展研究；二是制度變遷與經濟體制改革過程的分析。

很多新制度經濟學家如諾斯、托馬斯 (R.
P. Thomas)、巴塞爾、福格爾 (R. Fogel，1993
年他與諾斯一起獲得諾貝爾經濟學獎) 原本都
是經濟史學家，在他們那裡，制度之於經濟發
展，是從經濟史角度進行分析的。從某種意義
上說，由於歷史過程已然「塵埃落定」，今人對
它們的分析和研究往往更容易客觀公正，藉此
對歷史現象的研究，也更能夠用來檢驗和發展
新制度經濟學的理論。

# 一、新制度主義視野中的經濟成長

　　制度與經濟發展或經濟成長的關係是新制
度經濟學理論的支柱之一。從某種意義上說，
制度的起源和建立、制度的變遷與創新、國家
供給有效制度等等，都是爲了促進經濟的發
展。檢驗制度有效性的關鍵是有效的經濟發展
和成長。有效制度會促進經濟發展，無效制度
則會阻礙經濟發展和成長。在新制度經濟學產

生前，特別是諾斯、托馬斯和福格爾的「新經濟史」理論創新之前，主流經濟學一直忽略制度在經濟成長中的作用，制度最多是被當作經濟成長的既定前提而不是原因。以諾斯為代表的新制度經濟學家把制度經濟學理論和產權經濟學、交易費用經濟學、計量經濟學以及新古典經濟學的理論結合起來，用於分析經濟史，形成了完全不同於以往經濟史的「新經濟史學」，在這一過程中，亦形成了制度與經濟發展的思想。

經濟成長被經濟學家定義為以國民生產毛額（GNP）表示的「一國生產的財貨和勞務總量的增加」。經濟成長的因素在於勞動、資本、土地等生產要素投入的增加和技術的改進，而制度因素是被省略和剔除掉的。在經濟成長理論中大量的成長模型，如著名的哈羅德—多馬成長模型（Harrod-Domar growth model）、新古典成長模型（neo-classical growth model）、劍橋成長模型（cambridge growth model），都把制度視為「自然狀態」的一部分

而被剔除掉。經濟學長期忽視制度因素的原因在於經濟學家的「分工」觀念，在他們看來，制度是不應該由經濟學家分工來研究的，而應該由政治學家、法學家、文化專家來研究。再者，在新制度經濟學的理論框架特別是交易費用概念產生之前，經濟學家缺乏一種「範式」來分析制度問題。

　　在對經濟發展和經濟成長的分析中，還有一些經濟學家把制度結構和制度變遷視為給定因素。他們認為，制度變遷可能是重要的，在社會發展中是不可缺少的，但制度變遷與經濟成長無關。因此，制度被視為外生變數，它會因為一些政治行為和法律決定而改變，是不依賴於經濟成長進程的。這種假定顯然也不符合實際。一些政治制度的確定儘管有相對的獨立性，但他們最終要受到經濟因素的制約。

　　新制度經濟學家把制度視為經濟領域的一個內生變數，制度對經濟成長至關重要。這個結論是建立在邏輯、歷史與現實相統一的基礎之上的。在這方面，肯尼斯‧阿羅（Kenneth J.

Arrow) 和索洛 (R. Solow) 做出了重要貢獻，
他們從經濟學一般原理的邏輯推演中，證明了
制度對於經濟成長的重要性。不過，使事情發
生根本性變化的，還是諾斯、托馬斯和希克斯
等人從經濟成長與發展過程分析中得出的實證
結論。

　　新經濟史學和發展經濟學的分析突出了制
度和制度變遷的重要性。經濟史學家和發展經
濟學家不同於大多數經濟學家，他們從經濟發
展之歷史過程和現實過程的角度分析實際的經
濟發展。他們發現，沒有制度因素和制度變遷
的進入，不可能對經濟成長和發展做出滿意解
釋。勞動、資料、土地等天賦要素的成加自然
是經濟成長的原因，但經濟成長的速度遠遠超
過要素增長的速度。於是人們開始關注技術，
把這種超過部分說成是技術的貢獻。但是，透
過對技術變化過程的深入研究，他們發現，技
術本身也不完全來自變項，技術的產生、發展
和變遷同樣也受著某些因素的影響和制約。無
論在導致技術變遷方面，還是在使人們認識到

這種變遷所蘊含的潛在利益方面，制度都有著
至關重要的作用。譬如專利制度、政府資助研
究與開發的制度、人力資本投資制度都是技術
變遷得以發生和擴大的重要原因；而股份公司
制度、有限公司制度以及其它能夠促使公司規
模擴大的制度，都促進了資本累積、爲新技術
的採用創造了規模效益，使技術得以發明、採
用。這些都證明制度是經濟成長的更爲優先和
更爲基本的因素。

# 二、制度與經濟發展

　　一個國家爲什麼會實現經濟成長和經濟發
展？新制度經濟學認爲最根本的原因是制度。
發展經濟學家研究窮國如何變富，如何實現經
濟發展，起初主要把視野集中在儲蓄、投資、
資本—產出係數，後來又研究教育、人口等因
素。但是新制度經濟學認爲，教育的普及、出
生率的降低、資本產出係數的提高，都是經濟

發展過程中的現象，而並非經濟發展的原因。
發展是制度變化的結果，沒有制度演變，沒有
制度創新，經濟發展是不可能的。一個效率較
高的制度，即使沒有先進設備，也會刺激勞動
者創造出更多的財富；再先進的機器設備，如
果被安裝在低效率的制度環境中，其效率也有
可能甚至不如手工操作時代的效率。發展中國
家引進先進技術而低效率使用的例子比比皆
是。

　　著名的發展經濟學家阿瑟・劉易斯（Sir
Arthur Lewis）同時也是新制度經濟學家。他
在1955年出版的《經濟成長理論》（*Theory of
Economic Growth*）一書分析了影響經濟成長
的制度因素，以此奠定了用制度主義思想分析
經濟發展和經濟成長的基礎。

　　劉易斯認為影響經濟成長的直接原因主要
有三個：第一是從事經濟活動的努力，這種努
力表現為是否願意進行試驗或承擔風險，是否
有要素在不同領域和地域的自由流動以及專業
化。如果不存在從事經濟活動的願望，或由於

習慣或制度阻礙了這種願望的表現，那麼經濟成長就不會發生。第二個原因是知識的增長及其應用。越是到了近代，產量的增長越和生產中知識的迅速積累和運用相關。而知識的增長及其應用情況，很大程度上取決於社會的知識產權保護制度。經濟增長的第三個原因是「人力資本」和其它資源的增加。這一切過去人們多有注意。問題是，為什麼在有些國家可以看到這些要素發揮著積極的重要作用，而在另一些國家看不到？為什麼某些歷史階段這些要素的作用明顯，而另一些階段作用卻較小？劉易斯認為，要回答這些問題必須深入到制度領域，研究哪些制度有利於成長，哪些制度不利於努力、創新和投資，是什麼原因使一個國家創立了有利於成長的制度而不是相反？

　　劉易斯從發展中國家的現實出發，揭示了制度因素在經濟成長中的作用。他指出，影響一國經濟成長的各因素之間是互相聯繫的。例如，如果從國外得到了更多資本，這種資本的獲得很可能伴隨著新技術，也許還伴隨著新制

度或新的管理方法；如果發現了新知識，那麼
投資將受到刺激，制度也會受到影響；如果制
度自由化了，那麼就可以把更多的知識和資本
運用到生產中。把制度作為經濟成長的內生變
數，強調制度與其它因素如資本、知識的相互
作用，是新制度主義思想分析經濟成長的一個
特點。實際上，亞當斯密和很多自由主義經濟
學家也都認為正確的制度結構是促進經濟成長
所必須的，但是，他們都把這一制度結構看作
既定的，無需擔心在既定制度結構下人們進行
努力的願望、知識累積或資本累積。顯然，在
長期經濟發展過程中，把制度作為既定前提的
方法，不可能解釋為什麼不同國家會出現經濟
發展的差異。

　　劉易斯從經濟發展的角度界定了制度的功
能。他認為，「制度是促進還是限制經濟成長取
決於制度對努力的保護、為專業化所提供的機
會以及所容許的活動的自由」。這裡，制度對努
力的保護意味著消除經濟活動的外部性，使私
人收益等於社會收益。為專業化所提供的機會

意味著消除專業化和分工造成的交易成本上升，使專業化的收益不至於被交易成本的上升所抵銷。這些與科斯、諾斯對制度功能的闡述是一致的。至於劉易斯所強調的制度使行動自由的功能，又與發展中國家的現實相關。在很多發展中國家，制度並不是人與人之間、個人與組織之間、組織與國家之間進行多重博弈的結果，而是由少數統治者自上而下強制決定的。許多制度是限制人們行動自由的，如壟斷、特權制度、許可證制度、計劃分配制度、戶籍管理制度等。「制度提供自由」的觀點表明了劉易斯與科斯、諾斯等的不同分析視角。

　　劉易斯還特別強調法律和秩序以及所有權在經濟成長中重要作用。他認為，維護法律和秩序是經濟成長的一個重要條件，而且，許多社會之所以衰落，正是因為國家不願意或無力保護財產的所有者不受盜賊或土匪的侵犯。所有權是排斥其它人使用某種資源的法律權利。一個社會如果不能保護一種資源及其成果不大規模地受到公眾的侵害，這種資源肯定會被濫

用，很少有人會爲改善這種資源的使用而投
資。劉易斯認爲，所有權在世界任何地方都是
一種得到認可的制度，只是承認和保護的程度
不同而已。沒有這種制度，人類社會就無法取
得進步，經濟就不會發展，因爲所有權的存在
及其有效保護是產生激勵的原動力。

　　用新制度主義理論和方法對經濟發展史的
分析產生了一門新學科──新經濟史學。這是
新制度經濟學家致力於分析制度與經濟發展的
一個重要方向。這方面的工作主要體現在諾斯
所著《美國過去的成長與福利》、諾斯和托馬斯
所著《西方世界的興起：新經濟史》以及福格
爾的《鐵路與經濟成長：經濟史隨筆》等著作
中。

　　與以往對經濟發展史的解釋相比，從制度
角度分析經濟發展史的新經濟史學首先是一次
方法論革命。諾斯認爲，新經濟史學的分析框
架是對新古典理論的修正，保留了稀少性假設
及微觀經濟學的分析工具，修改了理性假設，
新引入了時間因素。以往的經濟史學一般是按

照時間順序、以重大經濟史實為基礎來描述經濟發展過程。由於缺乏理論分析的「範式」，經濟史學家不可能對經濟發展過程作出深層次分析，更不可能建立經濟發展和演變的一般分析框架，而只是根據自己的價值觀和偏好「議論」一下經濟史。新經濟史學則應用經濟理論分析經濟史，使之包含了更多「經濟性」原則，減少了個人的主觀判斷，讓經濟史成為名副其實的經濟史。

　　新經濟史學之不同於一般經濟史的最重要貢獻，在於它提供了從制度變遷角度分析經濟發展的一般理論框架。新經濟史學認為，在完成了對歷史數據的「復原」之後，經濟史分析和對現實經濟發展的分析沒有差別，它們都是同一理論範式的「實驗室」。如果說分析現實經濟發展比起分析經濟史有什麼優勢的話，那麼只是在於歷史數據的復原較困難，其數據不如現實材料完整、豐富。另一方面，在新經濟史學那裡，經濟發展和經濟成長的歷史很大程度上可以用制度變遷的歷史來解釋，離開制度分

析，對歷史上很多現象和事件的說明不可能是
充分和準確的，甚至是似是而非的。下一節我
們透過歷史上幾個重大經濟事件或現象的制度
分析，進一步說明制度經濟學家對制度與經濟
發展關係的闡述。

# 三、圈地運動與「李約瑟之謎」

　　新制度經濟學對制度與經濟發展的研究，
在對一些經濟史現象的分析中表現特別出色，
這也被看作新制度經濟學家還歷史以本來面目
的巨大貢獻。常常提到的是：英國歷史上的「圈
地運動」是「羊吃人」還是農業革命，以及中
國近代為什麼科技衰落的「李約瑟之謎」。

## 圈地運動：「羊吃人」還是農業革命

　　英國歷史上的圈地運動被歷史教科書普遍
認為是一場「羊吃人」的運動，許多小農在這
場圈地建牧場的運動中失去土地，淪為一無所

有的無產者，並成為後來發生的英國工業革命
中的雇傭工人。不過，按照新制度經濟學的觀
點，圈地運動非但不是什麼「羊吃人」的罪惡，
反而是一次使農業生產效率大大提高的農業革
命，並成為更偉大的工業革命的前奏曲。

　　11 世紀的歐洲是一個極富創造性並產生
了很多技術革新的世紀，尤其在農業方面。「三
區輪作制」的出現使農業生產技術手段發生了
重大變化。但是，11 世紀的革新浪潮並未帶來
農業革命和現代意義上的經濟成長，產量成長
被人口的增長所抵銷。在新制度經濟學家看
來，11 世紀歐洲的農業技術革新之所以沒能帶
來廣泛的農業革命，主要原因在於當時「村社
共同體」式的制度環境。在這種制度下，村社
的生產決策必須由集體決定。這樣一來，任何
技術革新的推廣實施都會遇到兩方面的障礙：
一方面技術的推展和實施必須經共同體一致同
意，而這需要很高的組織費用；另一方面，革
新所帶來的經濟利益由全體成員共同分享，這
帶來普遍的「搭便車」現象，使技術創新失去

持續的動力。

　　圈地運動發生的 17 世紀則全然不同。經過幾個世紀的發展，英國和歐洲其它國家一樣出現了一個自耕農階層，自耕農與傳統的村社農民有著很大不同，他們基本上已經是行為和利益獨立的主體。不過，此時村社中仍然存在著某些共同義務。尤其是在畜牧問題上，牧場基本上還是共同體所有的（所謂「村鎮牧場」）。在這種情況下，羊毛價格的大幅上升促使農戶盡量增加在公共牧場上放牧羊群的數量，以至於牧場上出現了嚴重的牲畜過剩，牧場擁擠不堪，地方力竭，養羊作業的效率大為降低，農戶無法得到市場變化帶給他本應得到的利益，於是出現了要求對牧場所有權作出新規定的強大要求和壓力。

　　圈地運動就是這種壓力的結果。起初，人們只是希望限制在公共牧場上放牧的牲畜數量，但是，達成這樣的協議已屬不易，要監督和管理協議的執行就更困難，費用很高。於是，人們用分割牧場的辦法劃分每戶的牧場經營專

屬權，這就是圈地。按照牲畜數量劃分的牧場大小雖然不一定公平，但卻符合效率原則。起初這種做法受到牲畜數量較小的小農的反對，進展緩慢。但當 17 世紀英國王權轉而支持圈地政策的時候，這種做法很快席捲了整個英國。

　　圈地運動實質上是把排他性公共產權（排斥本村鎮共同體以外的人的使用權，但不限制村鎮內成員的使用權）變為排他性私有產權。這種變化是克服村鎮內牧場產權不明確造成資源無效使用的必要手段，正是這種制度的變化才使得技術革新所帶來的外部利潤（表現為羊毛的有效使用從而價格上升）可以變為現實，17 世紀這個技術發明的世紀才得以避免重蹈 11 世紀的覆轍，使技術革命帶來農業革命進而工業革命的發生。從這個意義上說，圈地運動作為一次土地制度的重大變遷，實在是農業革命以及後來改變了整個世界的工業革命的前提。

## 工業革命爲什麼沒有發源於中國——李約瑟之謎制度主義解釋

　　新制度經濟學家常常討論的另一個制度與經濟發展的例子是所謂「李約瑟之謎」。李約瑟是研究中國古代科學技術發展的著名英國學者。在他的歷史性巨著《中國古代的科學技術》一書中，李約瑟詳細論述了中國古代科學技術發明及其在當時世界上的領先地位。他認爲，導致英國17、18世紀發生工業革命的條件在14世紀的中國就已經具備，那時中國已經有了爆發大規模科技革命和工業革命的物質條件。但是，中國科技領先的優勢並未保持下來，工業革命並沒有在中國首先發生。不僅如此，自近代以來，中國的科技和經濟發展日益落後，淪爲一個後進國家。正是這種落後使中國在自鴉片戰爭以來的歷次戰爭中失敗。李約瑟的疑問是，爲什麼古代中國在科技經濟等方面一直領先於其它文明？爲什麼中國會逐漸落後，不能再保持領先地位？

　　李約瑟自己的解釋把原因歸結於中國的官

僚體制。他認為，中國延續數千年的官僚體制
最初非常適宜科學的發展，但它卻阻礙了重商
主義價值觀的形成，因為它無力把最初推進科
技發展的工匠們的技藝和發明，與學者們發明
的數學和邏輯推理方法結合在一起，使科學的
發展超越工匠個人的活動，過渡到一個以數學
和邏輯為基礎的新時代。

　　林毅夫也從制度經濟學的角度對李約瑟之
謎進行過專門研究。他認為，中國沒有成功地
由前現代的科學躍升到現代科學，與中國的社
會政治制度有關。然而，問題的根源並不在於
中國的制度壓抑了知識分子的創造力，而在於
中國的激勵結構使知識分子無心從事科學事
業，尤其是進行可控實驗或對有關假說進行數
學化這類工作。林毅夫強調，既不是儒家理論
和政治意識形態的大一統，也不是科舉制度本
身抑制了中國的科技發明轉變為一場科技革
命，真正起阻礙作用的是科舉考試的課程設置
和激勵結構。

　　林毅夫認為，前現代時期，大多數技術發

明源自工匠和農夫的經驗，科學發現則是由少
數天生敏銳的天才在觀察自然現象時自發而出
的。到了現代，技術發明主要是在科學知識的
指導下透過實驗獲得的，科學發現則主要是透
過以數學化假說來描述自然現象以及可控實驗
方法得到的。這樣的工作只有受過特殊訓練的
科學家才能完成。在前現代時期的科學發現和
技術發明模式下，一個社會人口越多，經驗豐
富的工匠和農夫就越多，社會擁有的天才人物
也越多，因而社會的科學技術就越先進。由於
中國在前現代時期人口眾多，所以中國就在這
些方面占有優勢。到了現代，中國的技術發明
仍然靠經驗，而歐洲在 17 世紀科技革命的時期
已經把技術發明轉移到主要依靠科學和實驗上
來了。如此說來，中國未能發生科技革命的原
因，就在於科舉制度的科目設置和激勵結構，
它使知識分子無心投資現代科學研究所需要的
大量人力資本，從原始科學躍升為現代科學的
概率就大大降低了。

　　新制度經濟學家諾斯和托馬斯在《西方世

界的興起：新經濟史》（*The Rise of Western World：A New Economic History*）一書中對歐洲科技革命和工業革命爆發的原因，作了一個更為新制度主義的解釋，這種解釋有助於理解中國未能發生工業革命的原因，即為李約瑟之謎。

　　按照諾斯和托馬斯的觀點，工業革命當然離不開技術革命，沒有科學技術的重大突破，工業革命不可能發生。但是，科學技術的發展與科學技術的產業化並不是一回事，如中國等一些古代科學技術發達的文明古國沒有走上工業化道路，不能用技術之類的因素來解釋。雖然說 17、18 世紀英國發生工業革命的主要條件在 14 世紀的中國幾乎都已具備，但這樣的判斷忽略了一個最重要的條件：中國當時並未形成一套有效保護創新、調動人的積極性的產權制度。中國自夏商以來就是一個官營主導型的社會，中國的奴隸社會一直是國有土地制，自秦漢直至明清的封建社會，土地國有制也是主要形式。與此相應，官營手工業在奴隸、封建時

代也主宰著當時的工商業社會。鴉片戰爭以後，近代商品經濟在外來影響下開始有所發展，但主導形式仍是官辦或官商合辦、官督民辦，即官僚資本形式。公元前8—6世紀，古代斯巴達也盛行過奴隸制國有經濟，但雅典國家較早出現了非國有的民間經濟，到馬其頓國王統治希臘各城邦時期，私有財產不可侵犯已成爲基本法令。

　　工業革命是與有效產權制度聯繫在一起的，而工業革命本身不過是經濟成長的現代表現形式而已。它之所以首先發生在西方的荷蘭和英國，在諾斯和托馬斯看來，基本原因是有效產權制度的建立。「在這兩個國家，持久的經濟成長都起因於一種適宜所有權演進的環境，促進了一套制度安排的出現，從繼承權完全不受限制的土地所有制、自由勞動力、保護私有財產、專利法和其它對知識財產所有制的保護措施，直到一套旨在減少產品市場和資本市場缺陷的措施」。產權制度當然不是萬能的，但人們在從事經濟活動和技術創新時無論如何離不

開有效的產權制度。實際上，到1700年，英國
已經形成了一套這樣的制度：產業管制衰落和
行會權力下降促進了勞動力流動和經濟活動的
創新；合股公司、存款銀行、保險公司降低了
資本市場的交易成本，鼓勵了資本流動；由議
會的最高權威和法律來保證的財產權利；保護
和鼓勵生產性活動的立法體系。除此之外，還
有一個重要的制度因素，即英國率先建立的鼓
勵創新和技術發明的專利制度，1624年誕生的
「獨占法」就是英國的第一部專利法。

　　綜合上述，可以對「李約瑟之謎」的新制
度主義解釋作一歸納。我們可以認為，在前現
代時期，技術發明是人口數量的函數，人口越
多，能工巧匠從而技術發明越多。這個時候的
技術發明大多是自發的、零星的、非盈利的，
除了父傳子、師傳徒這種「保密」措施之外（這
種保密制度可算作專利制度和知識產權保護制
度的萌芽），人類還沒有鼓勵和保證這種創造
性發明活動的制度。進入現代時期，技術發明
和科學發生的進程發生了兩個重大變化：一是

發明方式從經驗型轉向實驗型，這實際是組織
形式的變化——實驗室制度的出現；二是發明
與市場、盈利、風險、成本等因素聯在一起，
與產權和獨占權的形成聯在一起，發明成為一
種職業。這些變化要求有較完善的財產權和知
識產權制度，使發明者的收益能夠為社會所承
認，使私人收益接近社會收益。英國在工業革
命之前已經建立了包括知識產權制度在內的有
效產權體系，而中國在 14 世紀則完全沒有這樣
的制度。這就是中國的科技發明始終以原始形
式進行，而未能演變成為大規模科技革命和工
業革命的主要原因。

# 第六章
# 制度主義理論與當代制度變遷

　　新制度經濟學迅速發展的時期正是世界上一些國家發生大規模制度變遷和制度創新的時期，中國大陸、前蘇聯以及越南和東、中歐各國都在進行大規模的市場經濟改革，從計畫經濟制度向市場經濟制度過渡。新制度經濟學理論爲這些國家的經濟改革提供了某些理論依據和方法論指導，爲市場化的模式選擇、制度建立以及對政府與市場功能的認識提供了理論基礎。另一方面，這些國家的市場經濟改革又爲新制度經濟學檢驗、修正和發展自己的理論提供了極好的「實驗室」。

　　以下我們重點討論兩個問題：第一，透過

現實中「漸進改革」與「激進改革」兩種經濟改革模式與特點的討論，進一步分析制度變遷與制度創新理論，特別是制度變遷方式對制度變遷成本和收益的影響；第二，一個社會的文化和傳統因素做為這個社會的非正式制度安排（非正式約束），如何影響其制度變遷方式和結果，我們試圖藉由俄羅斯的情況來說明，當一個社會的正式制度與非正式約束不相適應時，文化和傳統如何影響正式制度發揮功能的「績效」（performance）。

# 一、不同制度變遷方式下的制度變遷成本與收益

## 制度變遷與改革成本問題的進一步討論

　　經濟改革是一次重大的制度變遷，其發生與否及其進行的方式實際上是一個成本收益比較問題。只有當改革（制度變遷）的預期收益大於預期成本，這一過程才有可能發生；在幾

種可供選擇的改革方式（「一步到位」的激進改革、「分步推進」的漸進改革或者偏向於某一級的中間狀態）中，被選中的方式應該是改革組織者（制度主體）的現有訊息條件、有限理性以及其它約束下成本最小、收益最大的方式。

　　對制度變遷的成本存在狹義和廣義的理解。狹義的理解強調成本即國民收入的損失。一項制度變遷儘管造成了社會成員的緊張不安或貧富分化，帶來公眾的不滿和抱怨，造成社會動盪等等，但只要這種不滿、抱怨或動盪沒有造成國民收入的實際損失（GNP下降或成長放緩），就不算做改革的成本。只有當國民收入因此而受到損失，才把損失額計算為改革的成本。對改革成本的廣義理解既包括上述國民收入的損失，也包括諸如社會成員的抱怨、消極怠工、社會動亂、戰爭等造成的社會成員利益和福利的損失，儘管這種損失未必伴隨著國民收入下降。

　　改革成本可以進一步區分為「實施成本」和「摩擦成本」。實施成本是指制度變遷過程開

始之後一切由「訊息不完全」、「知識不完全」
和「制度預期不穩定」所造成的經濟效率損失；
是完成從舊體制向新體制過渡所必需的設計、
創新、磨合過程所造成的經濟損失；摩擦成本
被理解為由於制度變遷的非帕累托性質和利益
（經濟利益和非經濟利益）重新分配所造成的
某些社會利益集團的抵觸和反對，以及這種抵
觸、反對（諸如混亂、摩擦、動盪）所引起的
經濟損失。

　　漸進改革和激進改革這兩種典型的改革方
式在改革成本上特點是不同的。漸進改革由於
需要一步一步分步推進，有較長時期的兩種體
制並存局面，經濟的某些領域或地區已經實行
新制度，另一些領域和地區仍然採用舊制度，
因而制度之間的不協調較多，完成整個制度變
遷需要多次的不斷「談判」、「簽約」，因而實施
改革的交易成本（實施成本）較大。但漸進改
革只是局部地、一點點地危及和損害某些社會
集團的利益，而且由於已經進行的改革所帶來
的外部利潤的內部化，可以對受損的利益集團

或成員給予「補償」，使受損者不致激烈反對改革的進行，因而改革過程受到的反對和抵觸會較小，由社會動盪造成的經濟損失（摩擦成本）較小。激進式改革由於要在較短的時間內完成從舊制度向新制度的過渡，整個社會「齊步走」式地從舊體制轉變為新體制，整個體制變遷只需要一次談判和簽約，新舊制度的不協調時間較短、較小，因而改革的實施成本較小；但由於激進改革一下子剝奪了許多社會成員的既得利益，其受到的抵觸和反對會大得多，由此造成的經濟損失亦多。

　　以上是關於改革成本的流行觀點。但是，某些研究者並不同意這種觀點。他們認為，由於對制度變遷成本的分析中包含著太多人為因素，太多主觀感覺和個人偏好，因而對制度變遷成本和收益的預先估計總是不準確的，同樣的成本收益對於具有不同偏好的主體可能具有不同效用，其選擇也就不同。把改革成本定義為「國民收入損失」雖然有助於克服不滿、抱怨、社會動盪這些現象的不易比較和度量的問

題，但是，且不說國民收入的損失是否能夠代表改革成本的全部，即使僅用國民收入損失來作爲成本的衡量尺度，事情仍然不清楚。也就是說，在制度變遷過程中國民收入的損失（或成長率的下降）在多大程度上可以看作制度變遷的成本？這是難於準確衡量的。

　　把改革成本分爲「實施成本」和「摩擦成本」有助於說明在激進的和漸進的改革方式下，改革成本的不同特點，但也使成本的比較更困難。這方面有幾個不能忽視的因素：(1)分步走的漸進改革是「邊際性」的，每一次改革措施的深度都會達到而且也僅僅達到邊際收益與邊際成本相等的一點。這意味著，阻力較大或程度過深的改革措施（此時邊際成本超過邊際收益），或被推遲，或被分散爲許多次更小的行動，因而每一次實際的「改革交易」都較容易達成。(2)漸進改革的每一步都發生在舊體制危機最甚、機會成本最低和收益最高的場合。舊體制的危機使交易很容易達成，交易成本很低。至於激進改革，即使再激進也不可能一夜

之間完成制度變遷的設計、談判、簽約、磨合，在這個或長或短的過渡期內，由於等待、談判、實施的過程，整個經濟體系的產出能力會下降到相當低的水準，過渡期越長，成本越高，實施成本爲時間的增函數。

　改革的「摩擦成本」又被稱作「政治成本」，它源自改革的利益再分配，與反對改革的言論和行爲相連。要計算牢騷抱怨、消極怠工、社會動機究竟造成多少國民收入損失十分困難，甚至不可能，但根據一般思維邏輯，可以認爲，社會動盪越劇烈，對經濟造成的損害和效率損失越大。

　一般認爲，激進改革的摩擦成本大於漸進改革，原因在於它對公衆利益的損害和權力、利益的再分配劇烈得多。漸進改革由於同樣的原因摩擦程度較小。問題是，對摩擦的討論如果到此爲止並據以對不同改革方式做價值判斷，似乎仍嫌簡單。還有一些問題是這裡應當討論到的。

　第一個問題是在不同社會政治結構下，摩

擦的表現形式不完全相同。改革前的集權社會結構中，基本上不存在政治市場，也不存在當政者同公眾的討價還價、顯示力量等等「政治博弈」過程。以邊際改進為特點的分步改革，在很長時間內不會自覺引入這一變革，只有當不進行這一變革其它變革就不能進行、或外部條件的變化使這一變革具有很高收益率的時候，這一變革才會進行。在此之前，社會摩擦將主要以集權社會的「傳統形式」表現，比如牢騷抱怨、消極怠工、道德衰落、犯罪增加等，而較少表現為遊行示威、罷工鬧事、黨派爭議，政府危機等等現代形式。激進改革以同時引進政治市場和市場經濟為特點，這一特點使社會摩擦和經濟矛盾極易透過社會動盪的形式表現出來，形成社會不穩定的表相。這就是說，在不同改革方式下社會不穩定的表相，並不一定「在同樣程度上」對應著社會摩擦和改革的摩擦成本。

　　另一個問題，對於不同改革方式而言，同樣的摩擦並不具有同樣意義。對於漸進改革方

式,制度變革主體為了維護變革的「自願」、「非對抗」原則,考慮較多的是維護某些既得利益,以換取較小的反對,是「補償」、「贖買」。此時,任何較為劇烈的局部改革措施一旦超過某個很低的臨界值,便會導致與舊有利益格局的激烈衝突,改革就會中止或取消。而在激進方式下,由於制度變遷規模更大,更具有強制性,對「核心領導者」偏好的依賴程度弱得多,經濟制度的劇烈變化並不會和社會其它方面的制度相衝突,即使反對力量較強,但在投票博弈過程中,只要支持者人數超過反對者,制度變遷過程就可以繼續下去,不致使這一過程逆轉。從這個意義上說,在激進方式下,制度變遷過程的選擇更直接依賴於大多數人的偏好。

再一個問題是漸進改革方式下摩擦的特點。我們可以發現,除了非帕累托改進造成的利益不平衡外,漸進改革下還有一些因素也會引起公眾的不滿、抱怨,甚至成為摩擦產生的主要原因。這包括幾種情況:第一,因為制度的公共財特性,無論是否承擔了改革損失或享

受到改革的收益，所有人都同樣無差別地消費新制度這一公共財，即享受收益或承擔損失。不同地區、不同部門間改革政策上的差別待遇，就是這種情況的實例。第二，與此相連的普遍搭便車現象和雙軌體制造成的尋租行為，造成嚴重的謀私和腐敗，很多時間，這種現象甚至被當做希望當權者支持改革的「補償」（改革的潤滑劑）。

## 不同制度變遷方式下的「收益」——改革目標函數

　　通常假定，改革的目標——資源配置合理化和產出增長——是清晰明確的，然而，改革目標問題實際上並不是清楚明確的，其原因在於改革過程中不同制度主體目標函數（效用函數）的差異。

　　新制度經濟學的「誘致性制度變遷」和「強制性制度變遷」理論以及國家理論，都分析了國家在「確立有效的產權制度」（產出最大化）和「統治者利益最大化」（租金最大化）兩個目標上的衝突。它表明統治者（政府）的效用最

大化並不必然與社會財富最大化相一致，社會
財富最大化的目標，只是被推進到其對統治者
實現自身目標的邊際貢獻等於零時為止。

　　作為一種全社會性的大規模制度變遷，實
際改革過程更偏向於強制性，而且改革越激
進，強制性特點越明顯。在作為強制性變遷與
誘致性變遷混合物的實際改革過程中，政府目
標與社會組織目標的差異會使改革政策的效率
受到很大影響，更重要的是使政府做為統治者
的「統治者收益」與改革的實際「社會收益」
出現較大偏差。此時，假設其它條件不變，政
府效用函數及社會效用函數的「趨近」則意味
著改革收益的增加。在改革前的體制中，由於
高度集權的政體和完全沒有政治市場的運作，
政府的效用函數與社會的效用函數差異很大，
表現為政權穩固和經濟成長及消費者福利的相
關度過低。整體性的激進改革，除了使整個經
濟體制發生變化外，與之相連的某些社會制度
因素和政治制度因素也必然隨之變化，這雖然
增加了改革的難度和摩擦成本，但政治代理制

度的變化也使政府的效用函數與社會的效用函數相接近，使政府的目標趨近於社會目標，從而大大增加改革的收益。這正是激進改革在改革收益方面所具有的特點。

在統治者效用函數與社會效用函數差異較大的情況下，社會公眾和基層組織實現社會收益最大化的行動，極有可能與上層目標相衝突，即意味著對現有權力結構和利益結構進行利於民間（社會）的再分配，侵蝕上層的「租金」。此時，即使該項制度變遷的程度並不激烈，也可能由於與政府的租金日益相衝突，或者不能付諸實施，或者帶來較大的摩擦，每一次邊際變化的改革過程的止點，即改革措施對租金最大化的邊際貢獻為零之點，可能會是其對增進社會收益的邊際貢獻為正值之點。

在效用函數差異較小的情況下，較劇烈的利益再分配，由於政府在產出最大化與租金最大化的平衡中變得較為偏好前者，政府只有透過增進社會利益才能實現其租金，因而實際的改革進程會一直深入進行下去，無論在這一過

程中的摩擦是否強烈。改革過程將進行到其對
社會利益的邊際貢獻等於零為止。在此之前的
點，社會全體公民中支持改革的人數一直超過
反對者，這一點剛好是支持與反對的平衡點。

## 實際改革過程與改革成本理論

　　在原蘇聯東歐集團以及現在的俄羅斯和
東、中歐國家，經濟改革已有幾十年歷史。如
原南斯拉夫五十年代就開始試驗工人自治體
制，匈牙利五十年代有「匈牙利事件」，那實際
上也是一次流產的改革。六十年代，捷克發生
了改革引起的「布拉格之春」事件。從六十年
代中期開始，蘇聯等國又進行了一輪較為溫和
的改革，八十年代以前的改革表明，每一次較
劇烈的改革都是由於摩擦成本過大而夭折的。
能夠進行的改革都只是局部性調整，其帶來的
摩擦微乎其微，一旦影響到當權者的「租金」，
甚至無需成本收益核算即告結束。考慮到當時
的整個體制，這是正常的。

　　八十年代末以後蘇聯和東歐的變化則是另

一回事。在世界性的改革潮流中，原蘇聯東歐集團各國的改革被稱爲激進的，以區別於中國、越南等的漸進改革。那麼上述關於改革成本及其與改革方式關係的觀點，是否可以爲這些國家改革的實際狀況所證明呢？。

　　希望用一、兩個指標來計量實施成本是不可能的，一國改革過程中的國民收入損失究竟有多少是實施新制度所造成的，很難說清楚。不過，一般來說，還是大致可以估計成本「量級」大小的，比如，看各國從舊體制基本完成過渡的時間、其間國民收入增減的情況，失業、通貨膨脹的情況等等。用這一類指標來衡量，我們發現，在原蘇聯東歐各國中，一般存在著制度變遷劇烈程度與經濟產出波動程度之間的正相關關係，而與產出波動的時間長度呈負相關關係。如在最具有可比較性的捷克、波蘭和匈牙利三國，捷克和波蘭是實行「休克療法」式改革的典型激進改革國家，匈牙利則一直拒絕休克療法，採用相對漸進的方式。結果是初期匈牙利經濟的下降程度，比波、捷兩國都小，

國民收入損失較小。但兩年以後，情況就不同了。波、捷開始經濟回升，而且速度不斷加快，匈牙利則又下降了兩年，此後也回升乏力。到1995年，波、捷的國內生產總值已達到巨變前的水準，而匈牙利只有80％。問題不僅如此，從更深層的經濟質量而言，波、捷兩國，特別是捷克，由於制度變遷的徹底性，整個市場經濟體制已有效地運轉起來，各項經濟指標明顯好於其它國家，也明顯地超過匈牙利。原蘇聯的情況比較糟糕，但自己與自己比較之下，在原蘇聯內部三個最具可比較性的國際俄羅斯、烏克蘭、白俄羅斯中，變革更激進的俄羅斯及較爲溫和的烏克蘭、白俄羅斯兩國，完全重複著波、捷與匈牙利的邏輯，初期實施激進過度的俄羅斯情況較差，漸進的烏、白則稍好。到1994年，俄羅斯無論是在生產下降的幅度、通貨膨脹、預算赤字、平均工資等經濟指標，還是在私有化的進展、私營經濟的產值等制度變遷的程度方面，都明顯優於烏克蘭、白俄羅斯。從這個意義上說，改革的方式不同，實施成本

的確存在差別，而且基本上可以驗證制度變遷
成本的理論。但是，如果考慮到中國的情況，
考慮到在過渡時期經濟成長的能力，那麼結論
就不十分清楚了。雖然中國的改革還有很長的
路要走，特別是國有企業的改革任務還十分艱
巨，但整體來說，市場經濟的建設已取得根本
性進展。同時，中國的改革又是公認的漸進改
革，那麼，能否認爲中國的改革付出了（或將
要付出）比俄羅斯或東歐更大的實施成本（產
出損失）呢？顯然不是如此。

　　至於摩擦成本，情況更複雜。蘇聯和東歐
六十年代的改革，由於與當局的意識形態不相
符合，由於企業權力的擴大和實行經濟核算，
不符合集中國力發展軍工生產進行軍備競賽這
一核心領導者的利益和偏好，便導致了有限市
場化改革的夭折，帶來了 70 年代和 80 年代上
半期社會的保守和經濟的停滯，付出了巨大的
摩擦成本。這或可證明，超過社會承受力的摩
擦成本，即使很小也會斷送改革。就八十年代
以來這次改革而言，中國起步是較早的，但這

一並不激進的改革在初期仍然遇到很大阻力，
以致改革屢屢拖延，直到改革開始十年後才走
上了正確的市場經濟之路，從這個意義上說，
改革的摩擦成本並不小。反觀東歐各國，雖然
或多或少出現了社會動盪、矛盾激化的現象，
罷工遊行更是家常便飯，但時間都不很長，而
且，在經過這一動盪階段以後，由於政治秩序
和政治市場的形成，由於社會結構、意識形態
等的變化，由於政府效用函數與社會效用函數
的接近，社會反而形成了一定的機制，使利益
再分配帶來的衝突並不一定付出經濟成本（國
民收入損失），即使付出了經濟成本，改革過程
對這種成本的承受力也大大增強。而中國的分
步改革邊際推進，卻以較隱蔽的形式和不斷增
加的強度累積著矛盾和摩擦，而且社會越來越
不能承受這種矛盾和摩擦的衝擊。可以說，在
中國和原蘇東各國進行的目標大致相同的市場
經濟改革，雖然迄今為止中國的成績最大，但
如果有哪個國家的改革進程會因為社會摩擦而
中止或拖延的話，那就是中國。在這個意義上，

東歐的激進改革付出的摩擦成本未必就大。俄羅斯特別是東中歐各國最近幾年市場化改革的進展，其中包括在改革國有企業、建立市場化金融體系、社會保障制度，以及建立穩定的社會格局和矛盾釋放機制等方面的進展，讓我們相信這一點；這幾個國家的改革能夠在危機中堅持下來並不斷按照社會大多數人的意願保持其方向，也說明了這一點。

## 二、我們的過去決定我們的選擇：文化傳統與制度變遷

　　諾斯在諾貝爾經濟學獎頒獎儀式上的演講中，把俄羅斯和東歐的改革過程與新制度經濟學的「非正式約束變遷理論」聯繫在一起。他認為，俄羅斯和東歐某些國家向市場經濟過渡的過程之所以困難重重，原因在於這些國家的文化和歷史傳統中存在著太多與市場經濟相衝突的因素，這些因素使得市場經濟的正式制度無法順利發揮作用。下面我們將依據新制度經

濟學的非正式約束理論及其思路和分析方法，
結合俄羅斯社會文化、傳統、價值觀念、意識
形態和行為習慣等非正式約束，對非正式約束
在俄羅斯改革政策選擇，及對改革績效的影響
作一些討論。

## 文化、傳統與俄羅斯社會的非正式約束

非正式約束是指一個社會在漫長的歷史演
進中逐漸形成的、不依賴於人類主觀意志的社
會文化傳統和行為規範，包括意識形態、價值
觀念、道德倫理、風俗習慣等等。諾斯認為，
非正式約束對於實際制度變遷過程具有重要影
響，實際制度變遷過程總是正式約束變化與非
正式約束變化的統一和互動過程。從長期來
說，非正式約束決定著正式約束的演變，即使
一個經濟體的正式制度結構有了整體性的改
變，其實際結果如何也要取決於新建立的正式
制度，以及那些只能逐漸改變的非正式行為規
則之間互動關係的變化。

如上所述，非正式約束是在正式制度作用

的「邊際」、做為正式制度的補充發揮作用的。
非正式約束並非不能改變，只不過它的改變比
正式制度緩慢得多。俄羅斯社會非正式約束的
形成正是千百年來正式制度作用的結果，是與
自古「羅斯」、「莫斯科公國」以來的正式制度
相輔相成的。這種正式制度的最重要特點，就
是歷代沙皇直到二十世紀包括蘇維埃時代，俄
羅斯社會基本上是一個集權和專制社會，以沙
皇為人格化代表的最高統治者具有至高無上地
位、社會的嚴格等級結構、嚴格的社會控制體
系、普通民眾對「上級」的嚴重依附關係，個
人做為等級制度鏈條中的一環發揮作用而不是
做為獨立個體發揮作用。俄羅斯的非正式約
束，正是在這些正式制度的「邊際」、以對這一
正式制度的「補充」和「細化」的形式形成的。

　　俄羅斯社會意識形態和公共偏好的核心是
俄羅斯社會中的「國家觀念」。這就是意味著國
家至高無上，國家在社會和經濟中發揮主動、
積極和控制作用，任何經濟變革都是自上而下
的並且始自國家，國家是社會利益的保護者，

是社會正義的化身；與此相應，民眾與國家關係的觀念就是臣民意識、明君思想、忠君思想以及個人屬於國家、為國服務，以國家強大為榮耀的強國意識。另一方面，國家又是異己的，是外在於自身的力量，民眾與國家（政權）的關係是服從、命令的關係，而非平等的談判關係。與此相連，民眾對個人和自由的理解與同為基督教文明的西歐完全不同。對俄羅斯人來說，占統治地位的要求是「希望生活在一個強力國家中」。

　　國家在社會發展中的中心作用，國家控制社會的強大官僚等級制度，造就了與這種制度相適應的社會心理和習慣的另一面：民眾對國家、對「上級」和集體的依賴。源於這一制度，俄羅斯社會中，人們從事經濟活動的動力結構和刺激因素也具有自身特點，即主要是獲得國家或「上級」的獎賞，以此來改變自己在權力結構和等級結構中的位置，透過占有公共財產的特權，提高自身的福利和滿足，而不是以個人勞動和努力來改變自己的狀況。這種傳統和

刺激結構造成了俄羅斯社會文化中「裝窮」（怕露富）的習慣和對勞動的鄙視。

俄羅斯文化傳統和社會價值觀念的又一顯著特徵是法治傳統的缺乏、忽視法律制度的作用、「道德中心主義」以道德代替法律。這一特徵的文化歷史淵源可以追溯到俄羅斯與西方的「拉丁—羅馬法」體系不同的「希臘—拜占庭體系」。在俄羅斯歷史上，法律制度（特別是成文法）從來也不是規範人們行為的核心，占據中心地位的是「習慣」。在司法實踐中，法律條文不能破壞傳統。冰冷的法律和僵死的條文不能代替良心，「按良心審判而不是按法律審判」，這是俄羅斯人對待法律制度態度的集中體現。既然法律制度如此，那麼，良心、正義、公正在俄羅斯人的價值體系中就居於突出地位。平等、平均、集體主義、共同體這些概念則是人們心中的正義，而實現社會正義的保障是國家。這一點又恰好同俄羅斯人的國家觀念相吻合。既然民眾屬於國家並為國家服務，按照上級的命令行事，個人或家庭並不是財產的

重要所有者，那麼個人顯然不應該也不可能對個人在整個社會結構和財產結構中的狀況負責，國家有義務使每個人在社會和財產結構中獲得相應的位置。這種位置，對於普通百姓來說就是相互之間的平等、平均和平衡。能夠這樣做的政府就是「好政府」，就是公正的政府，民衆就支持。

還應該提到的是俄羅斯人文化傳統和社會心理特性中的非理性、脫離實際、情緒化、好衝動的特點，這些特點使俄羅斯人喜歡虛幻的神話勝過於現實、善於想像而不擅於做踏實的具體工作把理想變爲現實。俄羅斯人心理性格上的這些特徵爲俄羅斯各派心理學家所一致認同，並從俄羅斯人右腦發達左腦相對欠發達的生理特徵，找到了俄羅斯人心理氣質特點的客觀基礎。

關於俄羅斯社會非正式約束的上述觀點，主要是基於「十月革命」以前的俄羅斯社會的情況來說的。不過，十月革命後的蘇維埃制度特別是史達林的專制制度與俄羅斯社會的非正

式約束，具有相容性和繼承性，它沒有改變俄羅斯社會的文化傳統，如果說不是強化了這種歷史遺傳的話。也就是說，七十餘年的共產黨領導和社會主義制度，並未從根本上改變俄羅斯社會和俄羅斯人的思維方式與行為方式，即非正式約束，而且有可能還強化了這種約束。

　　近年來俄羅斯學者所進行的關於俄羅斯社會和俄羅斯人價值觀念、社會心理、社會偏好的調查證實了上述判斷。俄羅斯社會占統治地位的價值取向仍然是集體性共同價值：正義、民族、祖國、家庭，它的最集中體現就是期盼「父愛主義」和社會公正。而俄羅斯人的心理偏好依然具有「直覺—感覺型」特徵，一旦處於不穩定的情況下就會感到不舒服、不適應，做事的積極性就不高。一般說來，俄羅斯人不善於按照自己的意志去建立某種制度。只有當完全知曉事情的邏輯、實施機制以及個人在整個過程中的作用以後才會去積極工作。他們總是希望與外部世界確立一種穩定的關係而非常厭惡不確定性。俄羅斯的市場經濟改革就是在

這樣的社會文化環境中進行的。

## 文化與傳統如何影響制度變遷

迄今爲止，俄羅斯改革的結果並不順利。就制度變遷本身而言，難題主要表現爲，朝向市場經濟的制度變遷從根本上說是符合社會的制度偏好和價值追求，但實施這些制度的過程又常常不爲社會所接受和歡迎，甚至受到抵制，因此新制度的推行必須依靠國家強制，付出巨大的強制成本。即使如此，新制度的實施仍然進展緩慢甚至出現舊體制復歸。有時候，新的制度安排一經實際運轉就變形走樣，新制度的效率得不到充分發揮，甚至變成某些人牟取個人利益或小團體利益的手段。俄羅斯私有化的走走停停、私有化後的企業仍然保留著計劃經濟時代的不少行爲方式，因而一個公平、開放的競爭市場遲遲難於形成。

問題是，爲什麼按照市場經濟範式設計出的經濟制度並沒有帶來改革的高收益？這在多大程度上在於與正式制度相脫節的非正式約束

即俄羅斯的社會文化傳統有關？後者的影響又是藉由怎樣的方式發生的？

　　長期集權專制制度造成的俄羅斯人（特別是知識分子）對民主制度和市場經濟的價值追求、由於「公開性」所揭露出的計劃經濟制度下各級官僚的黑暗腐敗與俄羅斯人特有的情緒化、容易衝動和脫離實際的性格特點結合在一起，做為一種意識形態和價值觀念，在蘇聯解體、制度選擇、總統大選等一系列重大制度變遷中的確發揮了重要作用，影響了簡化決策過程、節約交易費用、降低社會運行成本的作用。另一方面，當社會轉型遇到困難、消費者福利受損、生活水準降低、轉軌成本不斷增加時，公眾的選擇雖然顯出搖擺不定，但正是意識形態和價值選擇使社會多數成員在自身福利顯著下降之時，堅持了對市場經濟和議會民主的總體選擇。這也許可以算做俄羅斯非正式約束對制度變遷的積極影響。

　　但是，俄羅斯傳統和文化影響，在更多方面很難說是積極的。在向市場經濟過渡中，俄

羅斯人的行爲方式是市場制度不能有效運轉的
重要原因，而俄羅斯人與市場制度不相容的行
爲方式又源於非正式約束。

　　市場經濟制度的前提之一是承認和鼓勵財
產的私人所有、明確產權、鼓勵人們做爲財產
所有者來行使權力並據此取得收入和財富。但
是俄羅斯傳統文化中對財產和行政權力（在社
會等級結構中的地位）的觀念是根深蒂固的，
財產權力向來是依附於等級地位的，而等級地
位從無平等可言。這就使俄羅斯人成爲財產所
有者的衝動遠不及改變等級地位的衝動。另一
方面，財產所有者並不能坐享其成，還需要艱
苦的經營，這對於從來沒有個人經營傳統、怕
負責任、不尚務實的俄羅斯人無論如何都是過
高的要求。其結果是，俄羅斯證券私有化時期
分到手裡的體現公民財產權力的私有化債券，
並沒有使絕大多數人變成小所有者，而是以其
原值幾分之一甚至幾十分之一的價值換回現金
或商品（越是遠離西方文明、俄羅斯傳統深厚
的地區，這種情況越明顯，在高加索地區它只

能換回一瓶劣質白酒），俄羅斯的第一階段私
有化也因此基本上歸於失敗。我們不難在建立
私人產權和非正式約束作用這兩件事之間看到
直接的關係。同樣地，市場制度的有效運轉離
不開企業家精神即創新精神，離不開千百萬企
業家在市場上積極的活動：他們要自己尋找原
料來源、尋找市場，自己對經營作出決策並承
擔責任，他必須每天面對複雜的不確定性，而
這樣的傳統和觀念在俄羅斯是最缺乏的。個人
不願意作這樣的選擇、社會對這種選擇沒有積
極的評價和預期。在正式制度的「邊際」也沒
有非正式制度與之互為補充（譬如說很難形成
私下的民間借貸市場和民間雇工制度），這就
可以想見，在俄羅斯幾年的市場經濟建設中始
終未能出現大規模的「增量私有化」高潮，即
創辦生產性私人企業的高潮，俄羅斯的生產下
降也就是自然而然的了。

　　經濟主體間建立起與市場經濟相適應的平
等的橫向契約關係，是市場制度能夠有效運轉
的前提。市場經濟是一種契約經濟，市場制度

的功能就在於它能夠大大方便交易的達成，有效地降低交易成本。但是，在蘇聯以至沙俄時代，俄羅斯經濟中的正式制度向來都是縱向的命令關係，是「上」「下」之間的關係，因而人們所習慣面對和處理的經濟交往方式以及其意識深處的積澱，也就是這種傳統。在這種情況下，以強制方式打破舊的關係，建立起正式的市場制度並不能改變人們所習慣的處事方式即非正式約束，於是正式制度的運行效率不能不受到局限。而人們對於其它人（外部環境）的消極預期，會進一步強化非正式約束對正式制度效率的抵銷作用，正式制度會在實踐中被扭曲，或者部分地被自發的、與非正式約束相適應的制度所代替。現實中，私有化以後的俄羅斯企業仍然不斷地重複著計劃經濟時代的「標準行為」；找上級或找銀行不斷「訴苦」、「裝窮」以獲得支持和貸款，竭力維持計劃經濟時代的傳統經濟關係而不是建立新的關係，對市場變化反應遲鈍無更新產品的意識，處於不利的競爭環境時只一味期待國家保護。

　　俄羅斯農業制度的變遷也是說明非正式約束作用的一個好例子。幾百年來俄羅斯農業生產的組織形式都是在上級（莊園主、農莊領導人）組織下的集體勞動，土地從來不是私有的，農民不僅在農業生產上而且在生活的各個方面都依賴於集體——農村公社或集體農莊。在長期集體勞動的農業制度下，農民已經習慣於統一組織下的內部分工，按照指令工作，農民已經有幾代人脫離了全程的農業種植。主觀上，農民沒有獨立生產、自主經營、自負其責的願望和要求；客觀上，單個農戶也沒有能力單獨完成生產的整個過程，更不用說經營。這種傳統積澱下來的遺產，就是農民習慣於並且偏好於共同勞動、內部分工、職責明確，而與這種偏好相適應的正式制度，則是集體組織或生產組合。於是，俄羅斯農業私有化過程比實際預期的進展緩慢得多，已建立起來的家庭私營農場也由於經營不善而大量破產，倒是具有集體性質的合夥公司、股份公司、農業合作社等生產組合大量地自發生成。與俄羅斯農村社會非正

式約束不相適應的正式制度，開始自發地被與之相適應的正式制度（農業生產組合）所代替。

　　俄羅斯的情況雖然只是一個案例，但它確實證明，一個社會的歷史和傳統決定著它今天的選擇，正式制度離不開非正式制度的作用。它為新制度經濟學檢驗自己的理論假說提供了極好的例證。至於俄羅斯，它的現代市場經濟制度的建立和有效運轉，以及它的經濟實際的改善，恐怕是一個長期的過程，有待俄羅斯社會逐漸培養起與市場經濟相適應的意識形態、價值觀念和行為習慣。總而言之，有待培養成為與市場經濟相適應的非正式約束那一天的到來。

# 參考書目

1.　Coase, R., The Problem of Social Cost, *Journal of Law & Economics,* Oct. 1960, 3.

2.　——, The Nature of the Firm, *Journal of Law & Economics,* Nov. 1937,4.

3.　North, D. C., *Institutions, Institutional Change and Economic Performance,* Cambridge, Cambridge University Press, 1990.

4.　——, *Structure and Change in Economic History*, New Haven, Yale University Press, 1983.

5.　North, D. C. and Thomas, R. P., *The*

*Rise of Western World: A New Economic History*, Cambridge, Cambridge University Press, 1973.

6. Davis, L. and North, D. C., Institutional Change and American Economic Growth: A Step toward a Theory of Institutional Innovation, *Journal of Economic History,* 1970, 30.

7. Demsetz, H., Toward a Theory of Property Rights, *American Economic Review,* 1967,57.

8. Lewis, W. A., *The Theory of Economic Growth*, London, George Allen & Unwin, 1955.

9. Lin, Justin Yifu, An Economic Theory of Institutional Change: Induced and Imposed Change, *Cato Journal,* Spring, 1990.

10. Olsonn, M. Jr., *The Rise and Decline of Nations: Economic Growth Stagfla-*

*tion, and Social Rigidities,* New Haven, Yale University Press, 1982.

11. Ruttan, V. W., *Induced Institutional Change ,Induced Innovation: Technology, Institutions and Development*, edited by Hans, P. B. and Ruttan, V. W., Baltimore, Johns Hopkins University Press, 1978.

12. Schultz, T. W., Institutions and the Rising Economic Value of Man, *American Journal of Agricultural Economics,* Dec. 1968, 50.

13. Buchnan, J. M., *Liberty, Market and State--Political Economy in the 1980s*, Wheatsheaf Book Ltd, 1986.

14. 盧現祥,《西方新制度經濟學》,中國發展出版社,1996。

15. 樊綱,《漸進改革的政治經濟學分析》,上海遠東出版社,1996。

16. 張宇燕,《經濟發展與制度選擇——對制

度的經濟分析》，中國人民大學出版社，
1992。

17. 張軍，《現代產權經濟學》，上海三聯書
店，1991。

18. 盛洪主編，《中國的過渡經濟學》，上海三
聯書店、上海人民出版社，1994。

19. 林毅夫，《制度、技術與中國農業發展》，
上海三聯書店，1992。

20. 王躍生，《變化世界中的經濟體制——90
年代的比較經濟制度學》，北京大學出版
社，1995。

21. 汪丁丁，〈制度創新的一般理論〉，《經濟
研究》，1992年第五期。

22. ——，〈再論制度創新的一般過程〉，載於
中國留美經濟學會編，《效率、公平與深化
改革開放》，北京大學出版社，1993。

23. 何夢筆，〈非正規約束、文化和從計劃到市
場的過渡〉，載於中國留美經濟學會編，
《效率、公平與深化改革開放》，北京大學
出版社，1993。

24.　張曙光，〈論制度均衡與制度變革〉，《經
　　　濟研究》，1992年第6期。

25.　揚瑞龍，〈論制度供給〉，《經濟研究》，
　　　1993年第8期。

26.　張旭昆，〈論制度的均衡與演化〉，《經濟
　　　研究》，1993期第9期。

27.　苗壯，〈制度變遷中的非正式制度安排〉，
　　　《經濟研究》，1992年第10期。

28.　孔涇源，〈中國經濟中的非正式制度安
　　　排〉，《經濟研究》，1992年第7期。

29.　王躍生，〈從計劃經濟向市場經濟轉變的
　　　問題〉，《二十一世紀》，1991年第8期。

30.　——，〈不同改革方式下的改革成本與收
　　　益的再討論〉，《經濟研究》，1997年第3
　　　期。

31.　——，〈文化、傳統與經濟制度變遷〉，《北
　　　京大學學報》，1997年第2期。

# 新制度主義　　　　文化手邊冊 36

作　　者/王躍生

出　　版/揚智文化事業股份有限公司

發 行 人/林新倫

副總編輯/葉忠賢

責任編輯/賴筱彌

執行編輯/龍瑞如

登 記 證/局版臺業第 1117 號

地　　址/台北市新生南路三段 88 號 5 樓之 6

電　　話/(02)366-0309　366-0313

傳　　真/(02)366-0310

E— mail/ ufx0309@ms13.hinet.net

印　　刷/偉勵彩色印刷股份有限公司

法律顧問/北辰著作權事務所　蕭雄淋律師

初版一刷/1997 年 11 月

定　　價/新台幣:150 元

南區總經銷/昱泓圖書有限公司

地　　址/嘉義市通化四街 45 號

電　　話/(05)231-1949　231-1572

傳　　真/(05)231-1002

I S B N / 957-8446-30-6

國家圖書館出版品預行編目資料

新制度主義 ＝ New Institutionalism / 王躍生 著
　初版 -- 臺北市：揚智文化，1997 [民 86]
　面；　公分．－(文化手邊冊：36 )
　ISBN　957-8446-30-6 (平裝)

　1. 經濟 -- 哲學，原理

　　550.1878　　　　　　　866008266